Publications des "*Etudes Criminologiques*"
*Organe de l'Association des Elèves et Anciens Elèves
de l'Institut de Criminologie de l'Université de Paris.*
Direction et Rédaction : 12, Place du Panthéon, Paris (V°)

Travaux de l'Institut de Criminologie de l'Université de Paris

Charles-François PICARD

*Capitaine de Gendarmerie
Diplômé de l'Institut de Criminologie de Paris.*

DE L'EXERCICE
DU DROIT D'ARRESTATION
par la Gendarmerie

LIBRAIRIE
DU
RECUEIL SIREY
(SOCIÉTÉ ANONYME)
22, Rue Soufflot, Paris 5°

1929

AVANT-PROPOS

C'est à bon droit que les restrictions apportées à la liberté individuelle ont été considérées, dans tous les temps et dans tous les pays, comme présentant un caractère d'exceptionnelle gravité.

Du point de vue de la logique pure, on serait donc tenté de supposer que toutes les éventualités relatives à l'exercice du droit d'arrestation, que toutes les précautions à prendre et toutes les formalités à remplir par les agents chargés des poursuites font l'objet de prescriptions minutieuses, d'instructions aussi rigoureuses que précises. Mais il est bien évident que, devant la multiplicité et la complexité des hypothèses à envisager, le législateur et même, à un degré inférieur, le simple rédacteur des règlements d'application ont hésité, puis reculé. On ne saurait évidemment leur en faire grief, comme on ne saurait s'étonner outre mesure en constatant que le règlement organique du principal corps chargé de la sécurité publique ne contient qu'un certain nombre de principes généraux relatifs à l'exercice du droit d'arrestation. D'ores et déjà, il importe cependant de signaler que le règlement dont il s'agit s'adresse, dans sa plus grande partie, à de simples agents de la force publique, appelés, bien souvent, à opérer seuls et à faire face, le cas échéant, aux situations les plus imprévues. Il apparaît dès lors que seule une éducation appropriée est de nature à remédier soit au manque de netteté, soit à l'insuffisance reconnue de certains textes. Compte tenu des remarques qui précèdent, le présent mémoire aura pour objet de rassembler, suivant un plan déterminé, les prescriptions éparses du règlement du 20 mai 1903 se rattachant à l'exercice du droit d'arrestation par le personnel des sous-officiers et gendarmes, puis d'en déterminer, dans le domaine de la pratique courante, le sens et la portée.

Au préalable et avant d'entrer dans le vif du sujet, il paraît toutefois opportun de rappeler que la Gendarmerie, héritière légitime de la Maréchaussée, est le plus ancien corps de notre pays auquel des pouvoirs de police ont été conférés. L'empreinte résultant de traditions et d'usages plusieurs fois séculaires est encore de nos jours extrêmement nette et vivace. Souvent, à la lumière des textes anciens, des prescriptions ou des procédés spéciaux prennent une vigueur, une originalité et un relief inattendus. Aussi ne paraît-il ni inutile, ni en dehors du sujet, d'évoquer, dans un court aperçu, les droits de l'ancienne maréchaussée en matière d'arrestation.

I. — EXERCICE DU DROIT D'ARRESTATION

PAR LA MARÉCHAUSSÉE

A son origine, la maréchaussée avait uniquement pour objet de réprimer les excès, fort nombreux il est vrai, imputables aux gens de guerre. En 1221, elle ne connaissait encore que des crimes et maléfices commis aux armées, mais le cercle de ses attributions s'élargit très rapidement jusqu'à comprendre certaines classes de ressortissants, non militaires. C'est ainsi que son action s'étendit successivement sur les voleurs, vagabonds, gens sans aveu ni domicile, sur les auteurs d'attentats commis sur les grands chemins et dans les champs.

L'édit d'Amboise, du 29 mars 1562, stipula même, dans son article 3, que les Maréchaux étaient susceptibles de « connaître de tous les délits commis par les guetteurs de chemins, voleurs, larrons publics, bannis et essorillés, des sacrilèges avec effraction, agressions avec port d'armes, tant à la ville qu'aux champs, contre gens domiciliés ou non ».

Ainsi s'affirma d'une manière légale, la compétence quasi-universelle de la maréchaussée en matière répressive. Seulement, à cette époque, les officiers de la Maréchaussée, c'est-à-dire les prévôts et leurs lieutenants, étaient de véritables magistrats, jugeant et prononçant même des sentences en dernier ressort, tandis que les officiers de Gendarmerie d'aujourd'hui sont simplement des auxiliaires du Procureur de la République, habilités pour faire les opérations préliminaires d'une instruction ou pour agir, à titre exceptionnel, en vertu d'une commission rogatoire. L'ancien terme *prévôté*, qui désignait autrefois une fonction, une juridiction et une circonscription territoriale a donc, de nos jours, changé complètement, sinon de signification, du moins d'objet. Les officiers de Gendarmerie sont bien encore, en très grand nombre, investis de la qualité de Prévôt, mais leur juridiction exceptionnelle ne s'exerce plus qu'aux armées, dans des conditions de temps et de lieu limitativement déterminées. Sous réserve de cette remarque fondamentale, il est néanmoins possible d'établir un rapprochement frappant entre les pouvoirs de l'ancienne maréchaussée en matière d'arrestation et ceux de la Gendarmerie. On constate, en effet, que, même à une époque reculée, les deux cas classiques d'arrestation, en cas de flagrant délit ou en vertu d'un véritable mandat, étaient déjà pris en considération.

Il y a lieu de noter, à cet égard, que la définition du flagrant délit n'était pas autrefois absolument identique à celle qui est donnée aujourd'hui par l'article 41 du code d'Instruction Criminelle. Le cas de flagrant délit, dit le nouveau Commentaire de l'Ordonnance de 1670, « est lorsqu'un crime vient de se commettre et que le corps du délit est exposé à la vue de tout le monde... ou s'il arrive une émotion populaire..., dans ces cas les témoins sont encore ordinairement sur les lieux ». Il n'est pas fait allusion à l'éventualité où, dans un temps voisin du délit, un individu est trouvé porteur d'effets, armes, instruments ou papiers, pouvant faire supposer qu'il est l'auteur ou le complice de l'infraction commise. Mais, vers le milieu du xviii° siècle, le vagabondage sévissant avec une dangereuse intensité, une disposition extrêmement rigoureuse vint combler la lacune qui vient d'être signalée. Aux termes de l'Ordonnance de 1778 (Titre II, art. 4), il fut enjoint, en effet, aux cavaliers de la maréchaussée qui, « au cours de leurs tournées, recevaient connaissance de quelques criminels, délinquants ou personnes suspectes, de se mettre à leur poursuite, de les joindre, de les arrêter, de relâcher ceux qui, n'étant dénoncés que comme vagabonds, pouvaient se justifier de cette inculpation, enfin d'écrouer ceux qui étaient convaincus de vagabondage ou qui demeuraient suspects de crimes ou délits. » A noter en passant qu'une relation étroite existe entre ces prescriptions et celles des articles 152 et 153 du décret du 20 mai 1903, dont il sera question par la suite.

Ainsi donc, il était possible d'imaginer, vers la fin du xviiⁱᵉ siècle, un troisième cas d'arrestation pour suspicion légitime ou sur dénonciation. Pour séduisante qu'elle fut, cette disposition ne manquait pas d'être, dans la pratique courante, d'une application délicate. En quelque sorte, elle avait pour conséquence d'accorder aux cavaliers de la maréchaussée un pouvoir discrétionnaire, de les transformer en magistrats véritables, susceptibles d'apprécier sur place, hors le cas de flagrant délit et en l'absence de tout mandat, si un individu pouvait être arrêté. Il saute aux yeux que la réglementation dont il s'agit présentait un incontestable avantage, celui de mettre légalement, à la disposition de l'autorité judiciaire, des délinquants habiles, partant fort dangereux, ayant réussi soit à échapper aux poursuites immédiates, soit à mettre en échec la perspicacité des magistrats instructeurs. Malheureusement, par sa nature même, elle était susceptible d'ouvrir la porte à des abus sans nombre, aussi n'est-ce pas sans raison que, dans son livre sur « l'Ancien Régime », TAINE s'est élevé avec véhémence contre l'incarcération, sans la moindre preuve, des fils dénoncés par leur père, des femmes dénoncées par leur mari... Quoi qu'il en soit, la très large initiative, le pouvoir d'appréciation extrêmement étendu accordés à la maréchaussée, dans le but d'assurer une répression plus

efficace de la criminalité, sont des dispositions tout
à fait originales. Du reste, les développements qui
suivront mettront en relief que, si elles ne survivent
pas dans leur forme primitive dans un règlement
bien postérieur à la Révolution, elles ont encore
exercé, lors de sa rédaction, une incontestable influence.

La mise à exécution des mandats de Justice était
déjà réglée, sous l'ancien régime, par la déclaration
de 1564 et l'Ordonnance de Blois de 1579. « Il leur
est enjoint, stipule cette dernière, en parlant des officiers de la Maréchaussée, de prêter main forte aux
Juges ordinaires pour les captures et l'exécution de
leurs jugements ». Dans l'Edit d'Amboise de 1572,
il est possible de retrouver des conseils de discrétion, des appels au calme et à la pondération qui
laissent supposer que de multiples excès de pouvoir
ou des abus criants d'autorité ont été comme durant
cette période essentiellement troublée : « les Maré-
chaussées doivent se comporter prudemment, avec
honnêteté, procéder avec modestie, sans arrogance
et ne prendre au corps, saisir ou arrêter pour quelque cause que ce soit s'il n'y a information précé-
dente. » L'ordonnance de 1670, déjà citée, a consacré, elle aussi, un article, à la présente question :
« Seront tenus (il s'agit des Prévôts) de mettre à exécution les décrets et mandats de Justice. »,
Il paraît superflu de s'étendre plus longuement en
cette matière, sinon pour signaler que déjà l'inviolabilité du domicile, du moins durant le temps de
nuit, devait être scrupuleusement observée. Au demeurant, on conçoit aisément que le troisième cas
d'arrestation évoqué ci-dessus et dont on ne saurait
trop souligner l'importance, était de nature, à la
veille même de la Révolution, à réduire dans une
notable proportion les recherches des individus à
mettre sous la main de la Justice.

II. — EXERCICE DU DROIT D'ARRESTATION

PAR LA GENDARMERIE

Sous l'influence des idées philosophiques du xviii° siècle, le droit intermédiaire a été caractérisé par des dispositions tendant à assurer et à sauvegarder la liberté individuelle, dans toute la mesure du possible. Aussi ne saurait-on s'étonner de trouver, dans l'article 7 de la Déclaration des Droits de l'Homme et du Citoyen, une formule qui détermine. d'une manière aussi formelle que précise, les limites du droit d'arrestation : « Nul ne peut être accusé, arrêté ni détenu que dans les cas déterminés par la loi et selon les formes qu'elle a prescrites. »

Si l'on se reporte ensuite à l'article 301 du Décret du 20 mai 1903, sur l'organisation et le service de la Gendarmerie, on constate que cette arme, hors le cas de flagrant délit tel qu'il résulte de la loi, ne peut arrêter, sous peine de se rendre coupable de détention arbitraire, qu'en vertu d'un ordre ou d'un mandat émanant de l'autorité compétente. Cette distinction traditionnelle et déjà évoquée des deux cas d'arrestation trace, d'une manière quasi obligatoire, le cadre de cette étude. Toutefois, il ne paraît ni superflu, ni en dehors du sujet, de faire allusion à diverses questions se rattachant à l'exercice du droit d'arrestation, comme la fouille et la conduite des prisonniers. Ces points particuliers feront l'objet de courts développements complémentaires.

1° Du droit d'arrestation en cas de flagrant délit.

DISTINCTIONS NÉCESSAIRES.

L'article 125 du décret du 20 mai 1903 reproduit, sans aucune modification de texte appréciable, la définition du flagrant délit, telle qu'elle est donnée par l'article 41 du Code d'Instruction Criminelle. Mais on s'aperçoit qu'une difficulté surgit immédiatement si l'on rapproche les article 152, 153 et 154 de l'article 304, déjà cité, du décret dont il s'agit. Il est curieux de noter, en effet, que, dans ces textes traitant du droit d'arrestation, les uns (art. 152, 153 et 154) comportent indifféremment l'emploi des termes saisir et arrêter, tandis qu'un autre (art. 304) ne fait aucunement allusion à un droit éventuel de saisir. Il convient donc de résoudre la question préjudicielle suivante :

La solution affirmative ne semble pas douteuse, le fait de saisir n'implique pas, en effet, une privation, même essentiellement passagère, de la liberté ; il n'a pour objet qu'une immobilisation momentanée, en vue de permettre l'identification. Bien entendu, suivant les résultats de l'identification, l'arrestation peut faire suite immédiate à la saisie, mais il convient de remarquer que, si le caractère général de celle-ci n'était pas admis, presque toutes les infractions échapperaient à la répression, puisqu'en prenant la fuite leurs auteurs pourraient aisément échapper aux poursuites. Il paraît donc nécessaire d'admettre que, dans toutes les hypothèses, la Gendarmerie a le droit de saisir, même en matière de simple contravention. Cette règle de pur bon sens est de nature à satisfaire les esprits les plus soucieux d'une bonne administration de la justice. S'il était besoin, à cette occasion, d'invoquer un exemple typique, il suffirait de rappeler le tollé de protestations qu'a provoqué, à un moment donné la mise à exécution des contraventions au vol. De toute façon, la question étant ainsi précisée, il ne sera tenu compte dans le présent mémoire, en dehors de quelques particularités ou singularités, que des circonstances et éventualités dans lesquelles le droit d'arrêter fait immédiatement suite à celui de saisir. Cette réserve étant faite, il convient ensuite d'examiner les diverses infractions autorisant l'arrestation dans le temps du flagrant délit.

PRINCIPAUX CAS A ENVISAGER.

a) *Crimes*.

L'article 106 du Code d'Instruction Criminelle exprime, avec une force particulière, l'impérieuse nécessité d'arrêter les crimes surpris en flagrant délit ; il fait même obligation à toute personne présente de concourir à la capture. Devant une volonté aussi formellement exprimée par le législateur, le doute et l'hésitation ne trouvent aucune place. Même il est possible de tirer de la vigueur exceptionnelle du texte certaines déductions logiques qui seront exposées ultérieurement, dans le paragraphe réservé aux circonstances de temps et de lieu.

b) *Délits*.

Si l'on examine, par ailleurs, la conduite à tenir dans l'hypothèse moins grave de délits punis de simples peines correctionnelles, on ne peut s'appuyer, pour justifier l'arrestation de flagrant délit, sur un texte aussi précis que celui auquel il vient d'être fait allusion, au précédent paragraphe.

Sans doute, l'article 16, alinéa 4 du Code d'Instruction Criminelle ordonne bien aux Gardes champêtres et forestiers d'arrêter et de conduire devant le Juge de Paix tout individu surpris en flagrant délit, lorsque l'infraction comporte la peine d'emprisonnement.

D'autre part, l'art. 130 du même Code stipule que: « si le délit peut entraîner la peine d'emprisonnement, le prévenu, s'il est en arrestation, y demeure provisoirement. »

Mais il ne s'agit dans l'article 16 que d'une compétence spéciale qu'il serait excessif d'étendre par voie d'analogie. Quant à l'article 130, il se borne à faire allusion aux conséquences d'une situation de fait, sans spécifier les conditions auxquelles celle-ci est subordonnée.

A la vérité, la question n'a été tranchée d'une manière satisfaisante que par la Loi du 20 mai 1863 sur l'instruction des flagrants délits devant les tribunaux correctionnels. Tout inculpé arrêté en flagrant délit, pour un fait puni de peines correctionnelles, est immédiatement conduit devant le Procureur de la République, dit l'art. 1er de la loi. Ce texte ayant **un** caractère général, aucun doute n'est possible, l'arrestation est tout à fait licite, aussi, depuis longtemps déjà, la question qui vient d'être évoquée ne soulève plus la moindre difficulté.

Particularités relatives aux articles 152 *et* 153 *du Décret du* 20 *mai* 1903.

Il ne paraît pas possible d'abandonner cette partie de la présente étude sans rechercher si, dans ses articles 152 et 153, le décret du 20 mai 1903 n'a pas accordé à la gendarmerie un pouvoir d'arrestation exorbitant qui, pour la matière des crimes et des délits et abstraction faite de la mise à exécution des mandats, déborde singulièrement les limites du flagrant délit.

Il paraît opportun, pour bien saisir la portée des articles 152 et 153, de les replacer dans leur cadre, savoir le service ordinaire des Brigades. Celui-ci s'exerce dit le règlement. « au moyen de tournées, courses ou patrouilles aux fins d'explorer chaque commune, au moins deux fois par mois de jour et une fois de nuit. A cette occasion, les gendarmes « tâchent de connaître les noms, signalements, lieux de retraite de ceux qui ont commis des crimes ou des délits... Ils se mettent immédiatement à la poursuite de ces malfaiteurs, pour les rejoindre et les arrêter, s'il y a lieu, au nom de la loi » (art. 152).

Que penser de ce texte ? Nul doute que, parmi les malfaiteurs ainsi signalés, dénoncés, certains peuvent encore se trouver en cas de flagrant délit ou au moins dans les cas assimilés dont il sera question par la suite. Dans cette éventualité, la conduite à tenir est bien nette, aucune hésitation ne saurait être tolérée. Mais le flagrant délit peut fort bien ne plus exister, soit en raison du temps écoulé, soit parce que les éléments matériels, susceptibles de permettre la preuve de l'infraction, ont été dispersés ou détruits. Au surplus, dans une telle hypothèse, il est presque impossible d'envisager, même théoriquement, la préexistence d'un mandat, puisque la Gendarmerie n'étant qu'informée fortuitement, les organes judiciaires compétents n'ont pu, à fortiori, prendre une décision relative aux faits délictueux dont il s'agit.

On aboutit donc, au moins à la suite d'un premier examen, à cette conclusion que le décret du 20 mai 1903 semble autoriser, comme l'article 4 de l'Ordonnance de 1778, l'arrestation sur simple dénonciation.

Il paraît bien superflu de souligner le caractère anormal d'une telle disposition qui, au cas où elle existerait effectivement, serait en contradiction absolue, non seulement avec le règlement spécial de l'arme (art. 301), mais encore et surtout avec la loi elle-même.

A la réflexion, il est assez facile de trouver une explication satisfaisante et cette explication présente l'avantage de mettre en relief la pensée, l'état d'esprit de rédacteurs du règlement. Les Gendarmes, dispose l'art. 153, doivent s'assurer de l'identité de ces individus par l'examen de leurs papiers ou de leur livret militaire ; ils leur posent des questions sur leur nom, leur métier ou profession, leurs moyens de subsistance, leur situation militaire, leur domicile, les lieux d'où ils viennent et l'emploi de leur temps , ils se saisissent de ceux qui demeurent prévenus de crimes, délits ou vagabondage. L'énumération limitative qui précède ne peut laisser aucun doute. Le but proposé à la Gendarmerie est la répression des crimes ou délits de désertion et d'insoumission, d'une part et du vagabondage, d'autre part, abstraction faite, bien entendu, des cas de flagrant délit se rattachant à des infractions instantanées. Or, sauf controverse en ce qui concerne la désertion qui ne paraît pas être le fait d'abandonner les drapeaux, mais bien l'état du militaire qui a laissé écouler les délais de grâce sans rejoindre son corps, la désertion, l'insoumission et le vagabondage sont des délits continus qui ne se distinguent nullement des délits instantanés, lors de la mise à exécution des arrestations. Il s'en suit donc que les articles 152 et 153 du décret du 20 mai 1903 respectent scrupuleusement la lettre et l'esprit du Code d'Instruction Criminelle.

Mais, dira-t-on, à quelle nécessité répond cette reproduction par trop fidèle, dans un règlement moderne, d'un texte suranné, desséché, sans portée pratique ? A la vérité, il semble bien que les auteurs du décret du 20 mai 1903 ont profité d'une occasion favorable pour affirmer, non sans quelque solennité, la mission traditionnelle de l'arme, savoir la poursuite des réfractaires, des coupeurs et guetteurs de route, des vagabonds. En second lieu, tout en se gardant bien d'étendre extraréglementairement la compétence de la Gendarmerie, ils ont voulu lui faire reconnaître le pouvoir d'apprécier sur place, non pas souverainement, mais avec un certain libéralisme, les éléments fondamentaux de certaines infractions, notamment ceux du vagabondage.

Quelques exemples, tirés de la pratique courante

du service, montrent, jusqu'à l'évidence, combien il a été logique, rationnel, surtout dans les périodes de crise économique et sociale, de laisser à la Gendarmerie le soin de faire, parmi les individus suspects rencontrés au cours des tournées, une ventilation préalable.

Tout d'abord, on est bien obligé de constater qu'avec les fluctuations incessantes des signes monétaires, l'appréciation des moyens d'existence a souvent manqué, durant ces dernières années, de base précise. Tel qui n'était pas vagabond avant guerre, avec deux francs, l'est aujourd'hui avec la même somme. Par ailleurs, depuis la loi du 31 mars 1919, le nombre des pensionnés a augmenté dans des proportions inconnues jusqu'à cette date. Peut-on considérer comme dépourvu de subsistances un pensionné qui à défaut de numéraire, présente un carnet dont le plus prochain coupon n'est payable que dans le délai d'un mois ?

À ces problèmes, s'ajoutent ceux posés par la détermination des délais d'exercice d'une profession. Divers arrêts de la Cour de Cassation, tous antérieurs à 1914, font allusion à une interruption de travail remontant à deux mois. En réfléchissant bien, il ne paraît pas possible, en cette matière, de faire abstraction de la période de travail d'été et de la période de chômage d'hiver de la proximité des grandes villes ou de l'éloignement de tout centre urbain, de la situation générale du marché du travail. Par ailleurs, le délai de deux mois susvisé semble aujourd'hui beaucoup trop long et paraît devoir être abaissé, comme il est de pratique constante, à trois semaines ou un mois au maximum.

Il n'est pas jusqu'au domicile certain qui n'affecte de nos jours, en raison de la crise du logement, certaines particularités dignes d'être signalées. Le nombre des garnis à la semaine ou même à la journée et à la nuit s'est accru dans des proportions considérables. Des œuvres diverses ou des entreprises ont organisé des dortoirs et des refuges, dans lesquels les règlements relatifs à l'hébergement ne sont pas toujours des modèles de rigueur et de précision.

Ainsi donc, rien qu'en ce qui concerne le vagabondage, la Gendarmerie peut se trouver en présence de problèmes extrêmement délicats à résoudre. Mais est-ce bien à elle que cette tâche devrait incomber ? Si l'on se place à un point de vue pratique et utilitaire, la solution affirmative ne paraît pas douteuse. Il ne saurait être question, en effet, de déférer aux juridictions régulières les multiples cas douteux d'infractions qui sont relevés chaque jour. Ce principe étant admis, on doit conclure que les auteurs du décret du 20 mai 1903 ont fait acte de sagesse, en s'en remettant à la prudence et à la perspicacité de la Gendarmerie aux fins de déterminer, en premier ressort, si les faits délictueux sont suffisamment caractérisés pour prmettre de procéder à l'arrestation.

Arrestations différées.

Comme suite normale aux développements qui précèdent, il convient de souligner que le pouvoir d'appréciation accordé à la Gendarmerie dépasse, dans un cas tout au moins la lettre du règlement. On peut admettre, en effet, que l'arrestation n'a d'autre but immédiat que de mettre à la disposition de la justice un délinquant susceptible de tenter, par la fuite, d'échapper à la rigueur des lois. Il s'en suit que, si aucune crainte de fuite n'est de nature à être envisagée, soit en raison de la qualité de l'agent, soit surtout en tenant compte du caractère relativement bénin du fait délictueux, il est expédient de surseoir à l'arrestation que la loi autorise. Bien entendu, cette liberté provisoire, avant la lettre ne concerne que les domiciliés, c'est-à-dire les individus fortement attachés par des liens de famille et par des intérêts matériels certains à un endroit déterminé. Il est bien évident qu'en pareil cas la Gendarmerie doit faire preuve d'extrême prudence, de tact et de discernement. On se rend compte aisément que, de sa décision plus ou moins heureuse, peut résulter ou un apaisement presque immédiat ou une effervescence génératrice de troubles et d'infractions nouvelles.

Comme justification de ce qui précède, il y a lieu de rappeler que l'article 91 du Code d'Instruction Criminelle autorise le Juge d'Instruction, en matière criminelle ou correctionnelle, à ne décerner qu'un mandat de comparution, quitte à le transformer en mandat de dépôt ou à lui substituer un mandat d'amener. Par ailleurs, le Garde des Sceaux, dans sa circulaire du 10 février 1899, recommande de ne pas user sans motif grave de contrainte à l'égard d'un individu présentant une garantie. Loin de faire grief à la Gendarmerie de certains ménagements, on ne saurait donc que l'encourager à faire preuve, quand il convient, d'une juste modération.

Les développements qui précèdent viennent d'être consacrés à la qualification des faits autorisant à procéder régulièrement à des arrestations, dans l'hypothèse du flagrant délit correctionnel ou criminel Aux termes des dispositions réglementaires rappelées, il semblerait que nulle autre éventualité ne devrait permettre à la Gendarmerie d'apporter une entrave quelconque à la liberté des citoyens. Cependant, il convient de signaler que, dans un certain nombre de cas, qu'il s'agisse de contravention d'une nature spéciale ou de situations même simplement douteuses, un droit de saisir très étendu, qui intervient à titre purement préventif ou qui constitue le premier stade d'une arrestation, a été reconnu à la Gendarmie. Un paragraphe spécial sera réservé à ce droit de saisir particulier, en raison de son affinité étroite avec le droit d'arrestation.

c) *Contraventions* :

L'art. 308 du décret du 20 mai 1903 dispose que la Gendarmerie conduit et dépose dans les violons municipaux, les ivrognes découverts sur la voie publique. Sans doute, le mesure dont il s'agit a bien plus pour objet d'éviter tout scandale ou toute atteinte à la sécurité publique que d'exercer, sur des êtres inconscients, une sorte de répression parfaitement inefficace. Mais on ne saurait trop recommander en pareil cas, aux agents de la force publique, de faire preuve de clairvoyance. A cette occasion, il paraît opportun de rappeler l'exemple typique d'un fait qui a causé une réelle émotion dans toute une région de Seine-et-Oise.

Un chef de brigade traversant une rue de sa résidence, trouva couché sur un tas de sable un individu vomissant des matières rougeâtres, tenant des propos incohérents. Des personnes accourues sur les lieux certifièrent que l'individu dont il s'agit avait été remarqué titubant, tombant sur la chaussée, urinant et se déculottant même en public. Sans aucune hésitation, le chef de brigade prit le présumé ivrogne par le bras et le conduisit jusqu'au violon où il le coucha. Un heure plus tard, il le retrouva mort. Prévenue aussitôt, la famille du décédé accusa la Gendarmerie d'avoir manqué de discernement et d'avoir pris pour un homme ivre, une personne simplement malade, dont l'état réclamait des soins urgents. L'autopsie n'infirma pas complètement la thèse de la famille, mais révéla que seul, en l'occurrence, un homme de l'art eut été susceptible de se prononcer, en toute connaissance de cause, à l'origine de l'affaire. Ainsi donc, dans l'un des cas les plus simples que l'on puisse imaginer, le droit de saisir les individus peut avoir les plus redoutables conséquences.

Comme on l'a fait remarquer ci-dessus, l'ivrognerie constatée n'entraîne une privation momentanée de la liberté qu'en raison de son caractère scandaleux ou dangereux pour la sécurité publique. Dans d'autres cas, il est possible de constater que les auteurs de certaines contraventions peuvent être régulièrement saisis, comme suspects de fautes plus graves, et cela jusqu'à décision qu'il appartient à l'autorité locale de provoquer.

L'article 212 du décret du 20 mai 1903 précise, à cet égard, que sont arrêtés et conduits devant le Maire ou devant le Juge de Paix, ceux qui tiennent dans les foires, marchés ou fêtes des jeux de hasard ou autres défendus par les lois et règlements. Or, de semblables infractions, visées expressément par l'art. 475 du Code Pénal, ne sont que des contraventions de 2ᵉ classe.

Par ailleurs, l'art. 202 du règlement précité dispose que les conducteurs d'animaux féroces, qui contreviennent aux règlements de police, sont conduits devant le maire de la commune la plus voisine.

Comment est-il possible, du point de vue juridique, de justifier des mesures aussi rigoureuses ? Cette question paraît relativement aisée à résoudre. On peut admettre, en effet, qu'une forte présomption de vagabondage pèse sur les tenanciers de jeux de hasard, et sur les roulotiers ou les bohémiens, s'il en existe encore, qui exhibent des animaux. D'ailleurs, les uns et les autres sont fréquemment les auteurs de ces délits ruraux qui provoquent toujours, dans les campagnes, une vive poussée d'indignation, quand il n'est pas question de représailles. Aussi a-t-il paru expédient de distinguer, parmi les « errants », ceux d'entre eux qui, s'étant déjà rendus coupables d'infractions légères, sont d'autant plus suspects, puis de les faire présenter ensuite, par la Gendarmerie, aux magistrats locaux. C'est donc le même souci constant d'assurer la sécurité des campagnes, suivant les anciens errements de la Maréchaussée, qui

a conduit les auteurs du règlement actuel à faire
compléter et appuyer, dans certains cas, les constatations de la Gendarmerie par des autorités réputées
plus instruites ou mieux informées. Compte tenu de
ce qui précède, il paraît donc opportun de faire rentrer les deux cas dont il vient d'être question dans le
cadre plus général du vagabondage, avec cette parti-
cularité que l'examen préalable comporte des investigations à deux degrés.

d) *Mesures préventives.*

Grâce aux applications qui viennent d'être don-
nées, il est facile de comprendre, sinon d'admettre
de plano, que la Gendarmerie a le droit de saisir,
dans certaines circonstances, des individus qui, de
prime abord, ne font l'objet d'aucune inculpation.

L'article 210 du décret du 20 mai 1903 stipule que
la Gendarmerie est chargée de veiller à l'application
des règlements sur la chasse. Or, la loi du 3 avril
1844 précise, en son article 25, que tout individu
masqué ou déguisé se refusant à donner son nom ou
n'ayant pas de domicile connu, est conduit devant
le maire ou le Juge de Paix, s'il est découvert en
action de chasse. A la vérité, abstraction faite d'une
présomption de vagabondage, il est impossible de
trouver dans les diverses conditions qui viennent
d'être énumérées, les éléments d'une infraction quelconque. Toutefois, la rigueur de l'art. 25 se justifie
aisément. L'exercice de la chasse nécessite, en règle
habituelle, l'emploi d'armes à feu qui, entre les
mains de gens suspects, peuvent devenir les instruments de crimes ou de violences graves. Au demeurant, on peut supposer que les individus dont il
s'agit ont simplement tenté de donner le change aux
agents de la force publique, en simulant l'action de
chasse pour justifier le port d'une arme. La sécurité

publique commande donc bien, en pareil cas, de prendre de sérieuses mesures de précaution.

Aux prescriptions ci-dessus, motivées par des indices apparents dont la gravité ne saurait échapper, s'en ajoute une autre reposant sur des présomptions plus fragiles. L'article 165 du décret du 20 mai 1903 prévoit, en effet, que la Gendarmerie s'assure des étrangers et de tout individu circulant à l'intérieur de la France, sans pièce constatant leur identité, à la charge de les conduire, sur le champ, devant le maire ou l'adjoint de la commune la plus voisine. Tout en faisant quelques réserves au sujet des étrangers, on serait tenté de reconnaître, dans ces dispositions, une des formes classiques de la lutte contre les vagabonds et gens sans aveu. Mais, à la réflexion, ce but trop apparent s'efface pour ne laisser subsister, au moins à l'origine de l'institution, que des préoccupations d'ordre purement politique. Il convient, à cette occasion, de remarquer que, sous l'empire des lois révolutionnaires (1er février-28 mars 1792-10 vendémiaire An IV-10 septembre 1807), tout voyageur, non pourvu d'un passeport, pouvait être mis en état d'arrestation. Tous les règlements concernant la Gendarmerie, jusques et y compris, le règlement actuel, ont reproduit scrupuleusement les dispositions dont il vient d'être question, sans faire allusion à la formalité du passeport, aujourd'hui tombée en désuétude, du moins durant le temps de paix. Il s'en suit que, dans la pratique, l'article 165 a changé catégoriquement d'objet et ne constitue plus qu'une variante, assez originale il est vrai, mais sans base légale bien sérieuse, des autres mesures envisagées pour réprimer le vagabondage. On se doit d'ailleurs d'ajouter que la mesure prévue par l'article 165 est en tous points excellente. Malheureusement, l'obligation de présenter une carte d'identité ne vise encore limitativement que certaines catégories d'individus

— (Ambulants, Forains, Nomades, Etrangers, etc.). De sorte qu'une immunité presque absolue est accordée à une foule d'indésirables qui échappent, en fait, à l'identification. Un incontestable progrès serait réalisé, si une disposition légale prévoyait la généralisation et l'unification des cartes facultatives, que notre organisation d'après guerre tend à multiplier, pour des fins particulières (Officiers de Réserve, Mutilés, etc...).

Les principaux cas dans lesquels la Gendarmerie a le droit d'arrêter ou tout au moins de saisir, dans l'hypothèse du flagrant délit, viennent d'être commentés ci-dessus. Il ne reste plus à examiner, pour clore cette partie de notre étude que les circonstances de temps et de lieu dont l'observation est imposée aux agents de la force publique.

CIRCONSTANCES DE TEMPS.

Comme on l'a vu ci-dessus l'article 125 du décret du 20 mai 1903, reproduction fidèle de l'article 41 du Code d'Instruction Criminelle, énumère les quatre hypothèses dans lesquelles il y a flagrant délit. Il saute aux yeux qu'il importe au plus haut point, pour la Gendarmerie, d'apprécier très exactement si certaines de ses constatations ou opérations se rattachent bien, dans le temps, aux cas de flagrant délit définis par la Loi.

Il ne sera question qu'un peu plus loin d'une circonstance de temps spéciale, celle relative au jour et à la nuit. En raison des affinités étroites qui l'unissent aux circonstances de lieu, son étude paraît devoir être reportée, sans inconvénient, au paragraphe suivant.

Dans le premier cas de flagrant délit, « le coupable dit M. GARRAUD, est pris en présent méfait, dans la chaleur de l'action. Il ne peut nier le fait qui lui est reproché le flagrant délit équivaut à l'aveu ». Une situation aussi claire et aussi précise ne peut soulever, dans la pratique courante, aucune difficulté. Par contre, dans les trois autres cas, le délit est déjà consommé et, suivant une gamme assez bien nuancée, le flagrant disparaît progressivement pour faire place à l'état de non-flagrance. On s'explique donc aisément que la question mérite un examen plus attentif.

La deuxième hypothèse envisagée est celle du délit venant de se commettre. Il n'est donc plus possible de dire, avec précision, que le délit est flagrant.

Ce qui reste, suivant ORTOLAN, « ce sont des vestiges encore chauds ou des cendres encore fumantes ». « Toutes les traces du délit sont vivantes, le prévenu est l'objet de recherches actives, le corps du délit est exposé à la vue de tous », précise Faustin HÉLIE. Mais il importe surtout de constater avec M. GARRAUD, que, si la loi n'a pas fixé de délai après lequel le fait cesse d'être flagrant, elle a « par cela même qu'elle assimile le délit qui vient de se commettre à celui qui se commet actuellement, indiqué les instants qui ont suivi son xécution, les traces encore chaudes qu'il a laissées. De sorte que le délit est flagrant au point de vue objectif et quant au fait, sans l'être au point de vue subjectif, pour le coupable, qui n'a pas été surpris le commettant ».

En théorie tout au moins, il est possible, sans rechercher une artificielle identité, de rapprocher le troisième cas de flagrant délit du second. Le prévenu est poursuivi par la clameur publique, le crime vient d'être commis et « l'agent en se sauvant, est montré, désigné par la voix du peuple, qui publie à haute voix qu'il est le coupable » (Faustin HÉLIE).

Mais le même auteur ajoute par la suite : « On ne doit pas trop restreindre l'expression de la loi... aussi doit-ont appliquer cette disposition au cas où l'agent, sans être matériellement poursuivi, est hautement accusé par le cri public ». Cette interprétation paraît devoir être favorablement accueillie ; toutefois, il importe d'éviter des confusions faciles, surtout dans les campagnes, qui constituent, par excellence, le rayon d'action de la Gendarmerie. Le cri public doit avoir, en effet, un caractère de spontanéité et d'unanimité, il doit correspondre à un sentiment d'indignation réelle, traduisant des impressions directement ressenties. Par cela même, il ne saurait être assimilé à la rumeur publique, simple soupçon sans consistance, encore hésitant et colporté à mi-voix ou à la notoriété publique, qui fait suite normalement à la rumeur, mais avec un recul de temps appréciable.

Le dernier cas prévu par l'article 125 est certainement celui dont l'interprétation présente, de prime abord, les plus sérieuses difficultés. Pour que le flagrant délit existe, il faut que, dans un temps voisin du délit, le prévenu soit trouvé muni d'instruments, d'armes, d'effets ou de papiers faisant présumer qu'il en est auteur ou complice.

Dans son Code d'Instruction Criminelle annoté, M. le président LE POITTEVIN explique que la restriction fameuse : « dans un temps voisin du délit » n'existait pas dans la loi de brumaire An IV, auquel le deuxième alinéa de l'article 11 du Code d'Instruction Criminelle a été emprunté.

Les auteurs du premier projet de Code d'Instruction Criminelle avaient pensé que la formule de l'article 63 était trop large et devait être limitée par une condition de temps. C'est pourquoi ils proposèrent de rédiger ainsi l'article 41 susvisé : « Sera réputé flagrant délit le cas du... et celui où, dans un temps voisin du délit, il sera trouvé saisi d'effets... etc... »

En séance du Conseil d'Etat, les mots « dans un temps voisin du délit « furent trouvés trop vagues, aussi BERLIER proposa-t-il de leur substituer : « dans les 24 heures du délit ». Mais il fut objecté que ce serait une limite par trop rigoureuse et finalement le Conseil d'Etat se rallia à un amendement de CAMBAcerès, tendant à reporter à la fin du paragraphe le membre de phrase dont il s'agit (Séance du Conseil d'État du 18 juin 1808).

A l'appui de sa proposition, Cambacerès expliqua que la première rédaction « autoriserait à s'emparer, sur le champ, d'une personne qui se trouverait saisie d'objets volés qu'elle aurait cependant achetés de bonne foi, depuis plusieurs mois, tandis qu'au contraire ce danger disparaît, grâce à la transposition du membre de phrase. »

Ainsi que le fait remarquer M. le Président Le Poittevin, cette discussion manque de netteté, mais il est curieux de signaler que les rédacteurs de l'art. 125 du décret du 20 mai 1903, en démarquant le Code d'Instruction Criminelle, ont cru devoir adopter un dispositif propre au projet de Code et condamné expressément par le législateur.

Quoi qu'il en soit, la question se pose de savoir, en pratique, pour combien de temps la 4e hypothèse de l'article 125 autorise l'arrestation spontanée d'un inculpé, non pris sur le fait.

Suivant M. Garraud, le sens vague et élastique de l'expression « dans un temps voisin du délit » a été précisé par les lois du 20 mai 1863 et du 8 décembre 1897.

La première de ces lois donne, en effet, au Procureur de la République, jusqu'au lendemain inclusivement du jour du délit pour faire comparaître l'inculpé arrêté devant le tribunal correctionnel. Virtuellement, elle autorise son arrestation pendant le même délai et la flagrance dure donc tout le reste du jour, depuis le moment où le délit a été commis et tout le lendemain.

D'autre part la loi du 8 décembre 1897 dispose que l'arrestation provisoire cesse, par l'élargissement de l'inculpé ou par la transformation de cette mesure en arrestation préventive, dans les vingt-quatre heures de l'entrée dans la maison d'arrêt. Le but de la loi est donc encore de permettre une arrestation tout le jour du délit et le lendemain.

Comme conséquence de ce qui précède, M. GAR-RAUD aboutit à cette conclusion, que la phase policière, pendant laquelle l'arrestation spontanée est licite, est limitée, au maximum, à quarante-huit heures. « Passé ce délai, ajoute-t-il, il serait trop tard pour arrêter, sans mandat, l'auteur d'un crime ou d'un délit désigné par la rumeur publique, ou trouvé saisi d'armes, papiers... etc. ».

Certes, lorsque l'heure exacte de l'infraction est susceptible d'être rigoureusement déterminée, il est toujours possible et recommandable de respecter la limite de temps susvisée. Mais il arrive très souvent qu'il est à peu près impossible, même pour les experts les plus diligents et qualifiés, de préciser à quelques heures, parfois à quelques jours près, la date et l'instant d'une infraction. Si l'on prend l'exemple d'un vol commis avec effraction, dans une maison inoccupée, depuis un certain temps, il est bien évident, en effet, que les traces de pesée, du moins à l'intérieur, ne subissent aucune modification appréciable, durant une période assez longue. Dès lors, au cas où l'auteur présumé du vol dont il s'agit serait découvert moins de quarante-huit heures après les constatations, sans pouvoir justifier l'emploi de son temps depuis une époque reculée, la prudence, poussée à l'extrême, dicterait de négliger provisoirement ces considérations et par conséquent, de ne pas procéder de suite à l'arrestation, sous prétexte que le fait délictueux peut remonter à plus de deux jours.

Une interprétation aussi étroite des textes, qui ne paraît nullement correspondre à la volonté exprimée par le législateur de 1808 serait contraire à tout bon sens. Aussi paraît-il expédient de se rallier à l'opinion de M. le Président LE POITTEVIN qui estime qu'abstraction faite d'un délai préfixe, « il faut cependant qu'il n'y ait, entre le crime et cette arrestation qu'un temps relativement court et surtout que l'arrestation ait lieu à une époque où le crime est encore l'objet des recherches de la police et qu'elle soit, en quelque sorte ,la conséquence de ses investigations. »

CIRCONSTANCES DE LIEU.

En abordant l'étude des circonstances de lieu de l'arrestation, il paraît opportun de rappeler qu'aux termes de l'article 309 du décret du 20 mai 1903, la Gendarmerie ne peut opérer en dehors de la circonscription qu'elle est normalement chargée de surveiller, à moins d'ordres spéciaux et en cas de force majeure, par exemple quand elle est à la poursuite de malfaiteurs. Ces sages prescriptions ont pour objet d'éviter de perpétuels conflits de compétence qui porteraient une très grave atteinte à la confiance et à l'esprit de solidarité dont les brigades donnent un si bel exemple dans leurs relations journalières. D'ailleurs, en pratique courante, les patrouilles n'hésitent pas à franchir les limites de leur circonscription, chaque fois que des indices sérieux peuvent leur faire supposer qu'un retard quelconque serait de nature à permettre aux coupables d'échapper.

Eventualités à envisager.

Cette remarque faite, diverses éventualités peuvent être envisagées. Le prévenu peut être en fuite en espace libre, ou bien il est resté au domicile même où le délit a été consommé, ou bien encore, après avoir quitté le lieu de l'infraction, il s'est réfugié dans une maison habitée, qui peut ne pas être la sienne. A cet effet, il paraît nécessaire de préciser que les articles 390 et 434 § 1 du Code Pénal donnent de la maison habitée une définition très large, qui doit être observée scrupuleusement.

Devant la multiplicité des hypothèses envisagées dans l'alinéa ci-dessus, il importe d'éliminer celles qui ne peuvent donner lieu à aucune contestation. En espace libre ou sur la voie publique, l'arrestation est toujours régulière, de jour comme de nuit. Par ailleurs, au cas où le maître de la maison ne s'oppose pas à l'entrée de la Gendarmerie et la laisse opérer à son foyer, en toute connaissance de cause, les opérations effectuées ont un caractère absolument licite. Cette règle découle d'un argument *a contrario* tiré de l'article 184 du Code Pénal, qui prohibe seulement l'introduction contre le gré de l'habitant.

Toute la difficulté consiste donc à déterminer comment l'arrestation peut être effectués régulièrement à l'intérieur d'une habitation quelconque, lorsque l'autorisation du maître n'a pu être obtenue ou lorsqu'elle a été refusée. L'importance de cette question ne saurait échapper si l'on se reporte, d'une part, aux dispositions de l'article 184 du Code Pénal déjà cité et, d'autre part, à celles des articles 169 et 170 du décret du 20 mai 1903 qui précisent, sauf exceptions limitativement déterminées, que la maison de chaque citoyen est un asile inviolable, dans lequel la Gendarmerie ne peut s'introduire malgré la volonté du maître.

Pour la commodité de l'exposé, il y a lieu d'envisager tout d'abord que le délit a été commis dans une maison et que son auteur y est resté, puis ensuite qu'une fois le délit commis, en un lieu quelconque, le prévenu s'est réfugié dans une habitation.

Temps de jour et temps de nuit.

C'est alors qu'intervient une considération d'une importance extrême, à laquelle une simple allusion a été faite dans le précédent paragraphe, consacré aux circonstances de temps, mais qui paraît mieux trouver sa place dans la présente partie de l'exposé. Il importe de préciser, en effet, pour bien fixer les

droits et les devoirs de la Gendarmerie, si les opérations qui lui sont confiées se rattachent au temps de
jour ou de nuit. Bien entendu, il ne saurait être tenu
compte, en l'occurence, du jour astronomique. L'aube, le crépuscule et l'état de l'atmosphère n'exercent,
de même, aucune influence, car la durée du jour est
fixée arbitrairement par la loi de six heures du matin
à six heures du soir, du 1ᵉʳ octobre au 30 mars et de
quatre heures du matin à neuf heures du soir du 1ᵉʳ
avril au 30 septembre. (Code de Procédure Civile,
article 1037). S'il s'agit du temps de jour, tel qu'il
vient d'être défini, l'entrée de l'habitation est licite
dans les deux hypothèses de l'avant dernier alinéa.
Cette solution est consacrée par l'art. 170 du décret
du 20 mai 1903 ainsi conçu : « hors le cas de flagrant délit, défini par la loi, la Gendarmerie ne peut
s'introduire dans une maison malgré la volonté du
maître. » La tournure négative employée dans cet
article a donné lieu à des commentaires passionnés.
Certains ont exprimé l'avis que la formule dont il
s'agit a un caractère vague et imprécis. D'autres,
dont l'opinion paraît préférable, ont estimé que le
caractère restrictif de la prérogative conférée en souligne le caractère exorbitant et signifie, sans ausune
ambiguité, qu'en toute autre circonstance, le droit
d'introduction au domicile est formellement prohibé.

Mais la question se pose de savoir où se trouve la
base légale de ces prescriptions. A la vérité, il n'existe aucun texte réglementant la matière d'une manière expresse. Toutefois, il convient d'observer que
l'art. 106 du Code d'Instruction Criminelle exprime,
sans aucune restriction et avec une force peu commune, l'obligation, non seulement pour tout dépositaire de la force publique, mais encore pour toute
personne, de se saisir du prévenu trouvé en flagrant
délit. La rigueur de ces prescriptions s'explique aisément. Le scandale provoqué est, en effet, intolérable,

l'indignation populaire ne peut plus être contenue, les faits délictueux sont visibles, palpables. Partout où le prévenu se déplace, il semble, par une sorte de fiction, transporter avec lui-même le lieu du crime. Aussi ne saurait-on admettre, sous aucun prétexte, qu'étant poursuivi au grand jour, il puisse échapper et faire disparaître à loisir les traces de son forfait. Dès lors, nul doute possible, le législateur, loin d'interdire, en pareil cas, l'accès des maisons, l'a autorisé implicitement, malgré la volonté du maître et pourvu qu'aucun obstacle, même purement passif, ne s'y oppose.

De ce qui précède, il résulte qu'en matière de flagrant délit et durant le temps de jour, la tâche qui incombe à la Gendarmerie repose sur des considérations de pur bon sens, consacrées expressément par l'article 171 du décret du 20 mai 1903.

La situation est bien différente lorsque les opérations envisagées se rattachent au temps de nuit. A cet effet, il convient de rappeler les termes de l'article 76 de la constitution du 22 frimaire An VIII, reproduits dans l'article 169 du décret du 20 mai 1903 : « La maison de toute personne habitant le territoire français est un asile inviolable. Pendant la nuit, nul n'a le droit d'y entrer que dans le cas d'incendie, d'inondation ou de réclamations faites de l'intérieur de la maison. »

L'énumération limitative de l'article 76 présente le très réel inconvénient de n'être susceptible d'aucune extension par voie d'analogie. Ainsi donc, l'accès de la maison ne devient licite que si le maître réclame lui-même l'intervention de la force publique. « La loi, dit Faustin Hélie, a assimilé cette réquisition à un cas de flagrant délit, parce qu'il est nécessaire de protéger immédiatement la famille contre les attentats qui éclatent dans son sein, lorsque le chef de cette famille invoque lui-même la protec-

tion de la justice ». Cette explication, par trop restrictive, pourrait laisser supposer que l'auteur du
trouble ou de la perturbation doit être l'un des mem-
bres de la famille. En pareil cas, l'argument invoqué se retournerait contre la théorie de son auteur,
du moins dans les hypothèses de simples attentats
contre les biens, car la loi s'efforce d'éviter tout scandale dans les rapports familiaux. Il paraît donc préférable d'admettre que les faits délictueux sont commis par un agent quelconque, resté sur les lieux le
plus souvent et que le chef de famille, dans son im-
puissance reconnue, réclame secours et protection.
La situation devient alors absolument identique à
celle qui a été évoquée plus haut dans l'hypothèse du
flagrant délit diurne.

Il ne reste à examiner, suivant le plan tracé ci-
dessus, que le cas dans lequel, le délit ayant été
commis en un lieu quelconque, son auteur parvient
à se réfugier la nuit dans une habitation.

A cet égard le règlement est formel : « lorsqu'il y
a lieu de supposer qu'un individu, prévenu d'un crime ou d'un délit pour lequel il n'y aurait pas encore
de mandat décerné, s'est réfugié dans la maison d'un
particulier, la Gendarmerie peut seulement garder
cette maison à vue ou l'investir... » (Art. 171 du décret du 20 mai 1903). On serait en droit de se demander s'il ne convient pas d'établir une distinction
entre la maison personnelle du prévenu et celle d'un
particulier quelconque ou bien si l'interdiction s'é-
tend à une maison momentanément inhabitée, à des
annexes ou pavillons, même éloignés du bâtiment
principal, mais compris dans l'enceinte générale. A
la réflexion, la solution consacrée par la loi du 22
février An VIII a une portée tout à fait générale et
elle ne paraît autoriser aucune discrimination. Même, il semble opportun de signaler que l'inviolabilité, proclamée par la loi, serait illusoire si elle ne

s'étendait qu'aux maisons effectivement habitées, car la présence du maître constitue la plus précieuse des garanties contre les abus.

La question pourrait être posée, d'autre part, de savoir si l'opposition à l'entrée soit être expresse ou bien si elle peut être simplement tacite. Là encore, il paraît expédient de se rallier à la solution la plus large. Le fait de ne pas répondre, même par signes, à la demande en autorisation d'entrer, celui de tirer un verrou, de fermer une porte, de faire obstacle de son corps à l'accès de la maison ou de ses dépendances immédiates doivent être interprétés comme des refus catégoriques.

Mais, dira-t-on, il est inadmissible que la loi et le règlement qui en découle puissent accorder au délinquant une immunité aussi scandaleuse que celle dont il vient d'être question. « On ne saurait admettre, précise le Journal de Droit Criminel (1870, page 186) que des individus faisant l'objet de recherches puissent s'y soustraire en opposant l'inviolabilité du domicile et faire, à l'intérieur de leur maison, disparaître à leur aise les preuves d'un délit, les papiers, les pièces à conviction, les instruments d'un crime, pendant que les agents mis en mouvement par un ordre de l'autorité compétente, seraient réduits à investir et à observer une demeure dans laquelle ils ne pourraient pénétrer ». Malgré l'avis de M. Garraud, qui estime « que, si la prudence conseille aux agents de justice d'attendre le jour lorsque cela est possible, la loi française ne subordonne pas, comme on l'affirme souvent à tort, la légalité des arrestations à cette condition », il importe de s'incliner, quelque inconvénient qui puisse en résulter, devant les prescriptions, aussi formelles que précises, des articles 169 et 171, déjà cités, du décret du 20 mai 1903.

Au demeurant, ces articles ne sont que la reproduction fidèle de l'article 131 de la loi du 28 Germinal An VI et, dans le silence du Code d'Instruction

Criminelle, il ne saurait être question d'en dénaturer le sens ou la portée.

Pour clore cette première partie, il convient, semble-t-il, de consacrer un alinéa particulier aux deux remarques suivantes. La première est relative aux opérations effectuées dans les lieux publics, la seconde concerne les poursuites commencées de jour et se prolongeant durant le temps de nuit.

Lieux publics.

L'article 168 du décret du 20 mai 1903 dispose que, pour la recherche des personnes dont l'arrestation a été légalement ordonnée, les chefs de brigade et gendarmes visitent les auberges, cabarets et autres lieux ouvert au public. A *fortiori*, le même droit existe dans le cas de flagrant délit et cela sans établir aucune distinction entre le temps de jour et le temps de nuit. De plus, comme il s'agit, en l'espèce, de l'exercice d'un simple pouvoir de police, l'assistance du maire paraît suffisante pour obtenir régulièrement l'ouverture des portes, après l'heure normale de fermeture. Mais quelle attitude convient-il d'adopter dans l'hypothèse où des prévenus se sont réfugiés soit au domicile personnel du tenancier de l'établissement, soit dans une chambre louée ? Divers arrêts de la Cour de Cassation ne laissent subsister aucun doute à ce sujet. Le pouvoir d'investigation de la Gendarmerie cesse à la limite du lieu réservé au public et la chambre louée doit être assimilée à un domicile privé. Il s'ensuit que, dans les cas envisagés ci-dessus, si la poursuite est matériellement interrompue, si le temps de nuit doit être pris en considération, s'il n'y a pas eu un appel de l'intérieur, la Gendarmerie doit arrêter ses investigations, même si elle a déjà pénétré dans les lieux affectés au public.

Temps mixte.

En ce qui concerne les opérations mixtes se poursuivant, partie sur le temps de nuit et partie sur le temps de jour, il suffit de rappeler que seule, aux termes des articles 184 du Code Pénal et 170 du décret du 20 mai 1903, l'entrée d'un domicile durant la nuit est prohibée. Si la nuit survient donc au cours de la poursuite, celle-ci doit s'arrêter à partir du moment où il y a refuge dans une maison réservée à l'habitation, mais rien ne paraît faire obstacle aux recherches nocturnes, lorsque l'introduction dans un domicile a eu lieu régulièrement avant la chute légale du jour.

2° Arrestations en vertu d'ordres ou de mandats ou de décisions de Justice.

L'examen des diverses éventualités se rattachant au flagrant délit étant terminé, il importe de passer rapidement en revue, dans une seconde partie, les principales hypothèses dans lesquelles il est procédé à des arrestations, en vertu d'ordres, de mandats ou de décisions prises par une juridiction répressive (1).

a) Ordres.

On doit admettre tout d'abord que le terme *ordre* ne saurait être compris dans son sens habituel et restreint. Il englobe, à la fois, les décisions prises par les chefs hiérarchiques et les demandes de concours émanant des autorités qui sont qualifiées pour mettre la Gendarmerie en mouvement.

Déserteurs et insoumis.

Parmi les ordres peuvent être rangés les signale-

---

(1) Voir : *Service Spécial de la Gendarmerie,* par le Colonel LARRIEU, *Lavauzelle,* Editeur.

ments des déserteurs et insoumis. De prime abord, on pourrait être tenté d'assimiler les signalements établis par les Chefs de corps et les Commandants des bureaux de recrutement à des mandats, mais il conviendrait de pousser plus loin cette assimilation et de se prononcer pour la qualification de mandat d'arrêt ou pour celle de mandat d'amener. En fait, cette discrimination paraît impossible. C'est pourquoi il semble préférable, ainsi qu'il a été dit ci-dessus, de considérer la désertion et l'insoumission comme des délits continus correspondant, le premier, à la situation des militaires qui ont laissé expirer les délais de grâce sans rejoindre leurs drapeaux, le second, à l'état des jeunes gens qui n'ont pas répondu à leur ordre d'appel. Dès lors, il suffit de renvoyer aux développements concernant le flagrant délit pour déterminer les conditions dans lesquelles les arrestations peuvent être effectuées. A noter que, par le jeu des circonstances aggravantes, le délit de désertion est susceptible de se transformer en crime, que le recel et la complicité, en matière d'insoumission, entraînent des condamnations correctionnelles, qu'enfin, dans bon nombre de cas, des individus sont poursuivis concurremment, en vertu de signalements n° 1 et de mandats des magistrats civils.

Étrangers.

En second lieu, viennent les ordres concernant les étrangers qui ne sont pas admis à rester sur le territoire national, soit parce qu'ils sont l'objet d'une mesure d'expulsion, soit encore parce que leur extradition est demandée par un gouvernement étranger.

L'expulsion est prévue par l'article 7 de la loi du 3 avril 1849, qui donne pouvoir au Ministre de l'Intérieur de faire conduire à la frontière tout étranger dont la présence est jugée indésirable. Il peut peut-être paraître excessif de ranger cette opération, dont le but final est précisément d'écarter un individu et non de l'enfermer, parmi les arrestations. A la réflexion, il importe de noter, d'une part, que les expulsés peuvent être saisis, puis contraints de s'éloigner s'ils ne s'exécutent pas volontairement, d'autre part, qu'après les faits bien connus de refoulement réciproque, qui se passent notamment à la frontière belge, l'article 8 de la loi peut être appliqué et donner lieu à arrestation réelle. Celle-ci n'entraîne aucune difficulté spéciale, l'infraction à un arrêté d'expulsion entrant dans la catégorie des délits communs.

La question de l'extradition revêt un caractère plus délicat. Sans doute dans la grande majorité des cas les recherches ne sont effectuées que sur mandats réguliers émanant de l'autorité judiciaire, à la suite d'une requête d'un gouvernement étranger. Toutefois, il y a lieu de tenir compte des difficultés extrêmement sérieuses qui peuvent surgir soit dans les ports, soit surtout dans les régions frontières où les Gendarmeries des Etats limitrophes ont l'habitude, d'ailleurs louable en soi, de collaborer en vue de la capture des délinquants de droit commun. A cette occasion, il ne paraît pas inutile de rappeler deux affaires sensationnelles. En 1891, les gendarmes français pénétrèrent sur le territoire belge en arrêtèrent, avec l'assistance de la police locale, l'évadé Nollet. Le gouvernement belge ne manqua pas de formuler des protestations et elles aboutirent à la remise en liberté du détenu. Par ailleurs, c'est un gendarme qui, après avoir saisi le révolutionnaire hindou Savar-Kar, au moment où il s'évadait d'un bateau britannique, dans le port de Marseille, le remit abusivement aux autorités anglaises. Le conflit survenu avec l'Angleterre était d'importance puisqu'il fut porté devant la Cour de La Haye. Il s'ensuit que, dans les cas évoqués ci-dessus de recherches parallèles, poursuivies par les polices d'Etats différents, en

vertu d'accord tacites et de bon voisinage, la frontière doit être considérée comme une limite absolument
inviolable. Par ailleurs, il ne saurait être question, à
aucun prix, de faciliter la capture de délinquants politiques ou militaires, ou bien encore de nationaux.

Dans le silence des textes, il était peu commode
avant la loi du 10 mars 1927, de définir les modalités
de l'arrestation, en vue d'une extradition ultérieure.
La question est loin de présenter les même difficultés, depuis que les étrangers sont admis au bénéfice
du droit commun. En fait, chaque fois que les délais
le permettent, l'arrestation a lieu en vertu d'un mandat d'arrêt ordinaire, dans des conditions qui seront
définies ultérieurement. Ce n'est qu'en cas d'urgen-
ce, résultant de l'envoi d'un télégramme par un gouvernement étranger, que le Procureur de la République est appelé à requérir sans délai l'assistance de la
force publique. Dans cette dernière éventualité, étant
donné la nature des infractions commises par les recherchés et la qualité du magistrat mandant, il ne
saurait d'ailleurs être question de procéder à l'arrestation dans une forme différente de celle qui sera
décrite pour la mise à exécution du mandat d'arrêt.

Libérés conditionnels.

Un troisième cas d'arrestation par ordre est celui
qui, prévu par l'article 4 de la loi du 14 août 1885,
concerne les libérés conditionnels. L'article dont il
s'agit dispose, en effet, que « l'arrestation du libéré
conditionnel peut être provisoirement ordonnée par
l'autorité administrative ou judiciaire du lieu où il se
trouve, à charge d'en donner immédiatement avis au
Ministre de l'Intérieur. « Deux hypothèses peuvent
être envisagées pour la mise à exécution de cet ordre.
Ou bien les cas d'inconduite habituelle et publique,
visés par l'article 2 de la loi, ont été de nature à faire
tomber le libéré entre les mains de la Gendarmerie
et alors la question de capture ne se pose pas, ou

bien le libéré est encore en liberté, après la réception
de l'ordre. Dans cette dernière éventualité, il y a ré-
vocation, même provisoire, de la mesure gracieuse
intervenue, et la sanction initiale reprend son cours.
Il en découle que les mesures prévues pour l'exécution des extraits de jugement, telles qu'elles seront
ultérieurement exposées, doivent être appliquées.

Militaires des Réserves punis disciplinairement.

Enfin il est possible d'envisager un dernier cas
d'arrestation par ordre d'un caractère tout à fait original ; il a trait aux punitions disciplinaires infligées
aux hommes de troupe des réserves dans leurs
foyers. L'instruction du 29 juillet 1926, relative à
l'administration des hommes de troupe des réserves
précise, en son article 119, que les ordres concernant
les punitions disciplinaires sont visés par les Généraux Commandant les Subdivisions et notifiées par la
Gendarmerie au domicile des intéressés. Elle ajoute
que les hommes qui n'obéissent pas au premier ordre sont amenés au corps où ils doivent subir la
sanction, sous l'escorte de la Gendarmerie. Qu'est-ce
à dire ? la Gendarmerie est-elle autorisée à procéder
à des arrestations ? La solution affirmative ne paraît
guère admissible. En l'occurence, il n'y a ni crime,
ni délit flagrant civil ou militaire, il n'y a pas de
décision définitive d'une juridiction quelconque,
mais une simple punition disciplinaire qui, par son
essence, se rattache étroitement à la position d'activité. La simple logique exigerait donc que l'exécution de la punition restât en suspens jusqu'au moment où, pour un motif légal quelconque, les hommes punis viennent à être rappelés sous les drapeaux,
À la vérité, il convient de remarquer que l'autorité
militaire n'use qu'avec une extrême discrétion du
droit de punir de prison les hommes des réserves.
On ne saurait expliquer autrement, semble-t-il, la

rareté des litiges soulevés par les prescriptions qui viennent d'être rappelées.

b) MANDATS. (1)

Ainsi qu'on a pu le constater, les ordres dont il vient d'être question correspondent, plus ou moins directement, aux exigences d'une bonne administration. A un point de vue plus particulier, les mandats ont pour objet d'assurer dans l'avenir, par de sages mesures préventives, la pleine exécution des décisions de justice.

Au nombre des mandats énumérés par le Chapitre III du Code d'Instruction Criminelle et rappelés par l'article 121 du décret du 20 mai 1903, deux seulement : le mandat d'amener et le mandat d'arrêt paraissent de nature à justifier certains développements. Le mandat de comparution n'implique, en effet, aucune mesure de coercition, tandis que le mandat de dépôt n'a d'autre objet que d'envoyer régulièrement à la maison d'arrêt un prévenu déjà sous la main de la Justice. Encore importe-t-il de faire dès maintenant cette réserve « que le mandat d'amener n'est pas un état de détention provisoire, mais un simple état d'expectative. » (FAUSTIN HÉLIE).

Principes généraux.

Avant d'aborder l'étude détaillée des opérations relatives à la mise à exécution des deux mandats d'arrêt et d'amener, il semble opportun de rappeler les principes généraux du Code d'Instruction Criminelle et du règlement sur le service de la Gendarmerie qui régissent cette matière.

« Les mandats... d'amener et d'arrêt sont exécu-

---

(1) Voir le *Manuel de Droit Criminel et de Police Judiciaire Civil et Militaire*, par le Commandant J. GARNIER.

toires dans toute l'étendue du territoire de la République », dispose l'art. 98 du Code d'Instruction Criminelle. Est-ce à dire que ces prescriptions confèrent aux Agents de la force publique un pouvoir d'investigation plus étendu que dans l'hypothèse du flagrant délit et leur accordent, notamment, celui de perquisitionner ? La solution négative paraît s'imposer. En effet, les articles 170 et 171 du décret du 20 mai 1903, déjà cités, prévoient, d'une part, que la Gendarmerie ne peut s'introduire dans une maison, hors le cas de flagrant délit, malgré la volonté du maître ; d'autre part, que le personnel de cette arme peut seulement garder à vue ou investir une maison, dans laquelle il y a lieu de supposer qu'un individu, déjà frappé d'un mandat d'arrestation, s'est réfugié. Ainsi donc, sous réserve d'une seule exception concernant le mandat d'arrêt et visé expressément par l'article 109 du Code d'Instruction criminelle, le pouvoir d'investigation de la Gendarmerie cesse dès qu'elle se voit refuser l'entrée d'une habitation, qu'il s'agisse de celle du prévenu ou d'une autre. Il y a lieu de souligner combien la réglementation qui régit le flagrant délit est plus favorable.

Quoi qu'il en soit, on conçoit aisément que les dispositions qui précèdent, basées sur le principe de l'inviolabilité du domicile, ne peuvent être interprétées que d'une manière restrictive, faute de quoi la recherche des malfaiteurs deviendrait absolument illusoire. Aussi convient-il de considérer comme licites non seulement les arrestations effectuées, sans distinction entre le temps de jour et le temps de nuit, en espace libre, sur la voie ou dans les lieux publics, mais aussi celles opérées, même la nuit, dans les habitations dont l'entrée n'a pas été interdite. Ce principe a été admis par la Cour de Cassation, dans un arrêt du 8 mars 1851 : « Les mandats, dit cet arrêt, peuvent également être mis à exécution, pendant la nuit, au domicile d'un citoyen, lorsque celui-ci ne refuse pas l'entrée de sa maison ou lorsque l'inculpé s'est réfugié dans la maison d'un particulier et que ce dernier, avisé des recherches faites, autorise à pénétrer dans son domicile, pour y opérer l'arrestation de l'inculpé. »

Les remarques qui précèdent dominent incontestablement toute la matière des mandats ; il ne reste donc plus à examiner, dans le détail, que les particularités intéressant chacun d'eux.

Mandat d'amener.

La définition du mandat d'amener, telle qu'elle est donnée par l'article 121 du décret du 20 mai 1903, ne saurait satisfaire un esprit soucieux d'exactitude. Il importe de ne pas perdre de vue, en effet, qu'aux termes des articles 92 et 269 du Code d'Instruction Criminelle, le Juge d'Instruction et le Président de la Cour d'Assises peuvent faire usage de ce mandat, en vue de vaincre la résistance ou la passivité de témoins récalcitrants. Au surplus, comme on l'a vu précédemment, le mandat d'amener ne crée, même pour les véritables inculpés, qu'un état de simple expectative. Certes, les magistrats mandants ne manquent pas de motifs légitimes pour suspecter la bonne volonté des individus dont ils estiment la présence indispensable. Toutefois, l'appel adressé en la circonstance à la force publique n'a qu'un caractère subsidiaire, qui trouve sa justification dans les hypothèses de refus d'obéissance ou d'évasion visées par l'article 99 du Code d'Instruction Criminelle.

Si l'on admet que le recherché, rencontré en lieu quelconque, à un moment quelconque, consent à accompagner bénévolement les gendarmes, la mise à exécution du mandat ne présente aucune difficulté et ne comporte, comme formalités, que la notification du document et la remise d'une copie. Mais la situation se complique d'une manière bien singulière dès que le recherché se trouve dans une maison et que, soit par la volonté du maître, soit en raison d'obstacles purement passifs, l'entrée se trouve interdite sans contestation possible. Certains auteurs ont pensé qu'en toute hypothèse, il suffit alors de requérir l'assistance de l'officier de police judiciaire local chargé de faire appliquer la loi en réclamant l'ouverture des portes. Contrairement à cette opinion, il semble qu'une distinction s'impose. Certes, lorsque l'inculpé est présent à son domicile, on peut admettre que la seule intervention d'un officier de Police Judiciaire auxiliaire est suffisante, sous la réserve que cet officier paraisse qualifié pour se prononcer librement sur l'opportunité de la démarche envisagée. Par contre, lorsqu'il s'agit de s'introduire au domicile d'un tiers, chez lequel le recherché a trouvé refuge, le Juge d'Instruction, habilité pour faire des perquisitions en tous lieux, semble seul tenir de la loi un pouvoir suffisant pour prescrire les mesures nécessaires. De quelle nature seront ces mesures? quelles formes affecteront-elles? Ces questions débordent quelque peu notre sujet. Néanmoins, il est permis de supposer que le Juge d'Instruction, lorsqu'il ne peut agir en personne, a la faculté de saisir un des officiers auxiliaires, auquel la loi l'autorise à déléguer ses pouvoirs.

La lecture de l'article 169 du décret du 20 mai 1903, permettrait, semble-t-il, d'envisager une solution différente. « Pendant le jour, dit cet article, la Gendarmerie ne peut entrer dans une maison que pour un motif formellement exprimé par une loi ou en vertu d'un mandat de perquisition décerné par l'autorité compétente ».

La base légale de cette disposition se trouve dans l'article 131 de la loi du 28 Germinal An VI ainsi conçu . « Le Gendarmerie ne pourra faire aucune visite dans la maison d'un citoyen où elle soupçonnerait qu'un coupable s'est réfugié, sans un mandat spécial de perquisition. » Or, il importe de tenir compte du fait, qu'en ce qui concerne la recherche des personnes et non celles des preuves par écrit ou des pièces à conviction, le Code d'Instruction Criminel n'a reconnu aux porteurs de mandats le droit de perquisition par la suite. Cette dernière prescription montre bien que c'est à dessein, en toute connaissance de cause, et non par suite d'une omission involontaire, que le législateur de 1808, dont l'autorité dépasse ici singulièrement celle du législateur de l'An VI, n'a pas fait allusion à un mandat de perquisition, susceptible d'être mis à exécution par la Gendarmerie. Il s'ensuit que les dispositions de l'article 131 de la loi de Germinal An VI et celles du décret du 20 mai 1903, relatives au mandat de perquisition, après avoir eu sans doute leur raison d'être aux heures critiques de la Révolution, doivent être considérées aujourd'hui comme devenues caduques

Particularités relatives à la mise à exécution du mandat d'amener.

Dans les développements ci-dessus, il n'a été question que d'individus recherchés, puis découverts, dans un rayon proche de leur résidence normale, mais il peut arriver, — et c'est chose courante en pratique, — que les individus sous le coup de mandats, tentent de s'enfuir. Certains sont alors arrêtés dans les conditions de temps et de lieu prévues par l'article 100 du Code d'Instruction Criminelle. La conduite à tenir, en pareil cas, par la Gendarmerie est nettement tracée par la loi du 8 décembre 1897 (art. 4) et la Circulaire du 10 décembre 1897, qui prescrivent de conduire le recherché devant le Procureur de la République du lieu où il a été trouvé. Il semble bien, à cet égard, que l'organisation des tribunaux départementaux, suivant la formule des décrets-lois de 1926, loin de compliquer la situation, a été plutôt de nature à la simplifier.

Cette première éventualité étant examinée, il est possible d'imaginer que l'inculpé parvient à se soustraire aux recherches. Si sa résidence est connue, la notification du mandat au Maire ou au Commissaire de Police ne soulève aucune difficulté et peut avoir lieu dans les conditions définies par l'article 105 du Code d'Instruction Criminelle. Mais que décider dans l'hypothèse où le recherché est un errant, sans point d'attache ni résidence avoués ? Par application des principes généraux du droit, il paraît expédient, en l'absence de tout domicile, de faire la notification au magistrat du lieu de l'infraction.

Il convient, semble-t-il, de signaler deux points particuliers. Suivant une circulaire ministérielle du 25 décembre 1919, les femmes faisant l'objet de mandats d'amener peuvent conserver avec elles les enfants qu'elles allaitent et ceux âgés de moins de 3 ans.

D'autre part, en vertu de leur pouvoir de discipline et de police, les chefs de corps ou de détachements doivent faire procéder, à l'intérieur des casernements, à l'arrestation des militaires recherchés en vertu de mandats d'amener. Par contre, si les militaires sous le coup de mandats sont rencontrés à l'extérieur des casernes, soit isolément, soit en possession d'un titre régulier d'absence, ils doivent être arrêtés dans la forme habituelle, à charge d'aviser l'autorité compétente.

Mandat d'Arrêt.

Malgré son caractère d'exceptionnelle gravité, souligné par l'accord préalable du Procureur de la République et du Juge d'Instruction, par la qualification du fait tombant sous le coup de la loi répressive, le mandat d'arrêt ne diffère pas sensiblement du mandat d'amener dans les diverses modalités de sa mise à exécution. C'est pourquoi il paraît suffisant, sous réserve des remarques qui suivront, de rappeler très sommairement, dans le présent paragraphe, les principes déjà exposés ci-dessus. En espace libre, dans les lieux publics, lorsque l'accès d'une habitation n'est pas interdit, l'arrestation peut toujours être effectuée, sans tenir compte du temps de jour et du temps de nuit. Si l'entrée d'une habitation est refusée, il convient d'avoir recours à l'officier de police Judiciaire local lorsqu'il s'agit du domicile de l'inculpé ou au Juge d'Instruction dans tout autre cas.

En ce qui concerne ce dernier point, il est nécessaire de faire allusion à un système ingénieux, imaginé en vue de rendre plus efficace et plus immédiate l'action de la gendarmerie.

Certains auteurs ont fait remarquer, à cette occasion, que le particulier qui donne asile sciemment à un individu recherché pour crime est en état de flagrant délit correctionnel, pourvu qu'il ne rentre pas dans la catégorie des parents et alliés visés au deuxième alinéa de l'article 248 du Code Pénal. Ils en ont déduit que l'arrestation du receleur peut être valablement opérée par l'officier de Police Judiciaire local et que, l'entrée de la maison ayant été requise à cet effet d'une manière licite, aucun motif ne s'oppose plus à l'exécution du mandat d'arrêt. Mais il importe de savoir, en pareil cas, si l'officier de Police Judiciaire local tient de la loi du 20 mai 1863, un pouvoir suffisant pour opérer une perquisition en matière de flagrant délit correctionnel. Ce point paraît encore douteux. Par ailleurs, on est en droit de se demander quelle attitude on devra adopter quand le maître de maison sera absent, ou quand il ignorera, de bonne foi, la présence du coupable, à son foyer, ou bien encore quand il se tiendra à l'extérieur de sa demeure.

S'il était nécessaire de découvrir d'autres raisons pour démontrer la fragilité du système dont il vient d'être question, il suffirait, au surplus, de se reporter au*x* commentaires qui l'appuient. On a fait remarquer, en effet, que l'article 171 du décret du 20 mai 1903, qui prévoit le refuge d'un individu frappé d'un mandat dans une maison, envisage deux éventualités susceptibles d'assurer le plein effet des poursuites : l'envoi des instructions nécessaires pour entrer et l'arrivée de l'autorité qui a le droit d'exiger l'ouverture de la maison. De ce qui précède, on a conclu que les prescriptions ci-dessus, loin d'avoir un caractère vague et imprécis, se rattachent à deux hypothèses bien nettes. L'envoi des instructions nécessaires est assuré par le Juge d'Instruction, dans le cas de mandat délivré pour des infractions purement correctionnelles, tandis que l'officier de Police Judiciaire local représente l'autorité habilitée pour réclamer l'ouverture des portes, à l'occasion du flagrant délit de recel de criminel. De telles déductions seraient logique si les rédacteurs de l'article 171 susvisé s'étaient inspirés des dispositions de la loi du 20 mai 1863. Malheureusement, si l'on se reporte au décret du 1ᵉʳ mars 1854 qui a précédé immédiatement celui du 20 mai 1903, on constate que son article 293 est très exactement rédigé dans les mêmes termes que l'article 171. Dès lors, le doute n'est plus possible : les auteurs des décrets de 1854 et de 1903 n'ont pas été guidés par le souci d'établir une distinction quelconque entre les recherches pour crimes et délits, s'il y a refuge dans une maison étrangère. Dans toutes les hypothèses, ils ont admis l'intervention du Juge d'Instruction, avec cette nuance que ce magistrat peut, à son choix, soit donner des ordres en déléguant ses pouvoirs, soit agir en personne, en se rendant sur les lieux,

Particularités relatives à la mise à exécution du Mandat d'Arrêt.

Toutes les remarques qui précèdent ont eu pour conséquence d'établir, quant aux modalités d'exécution, une identité presque absolue entre les deux mandats dont il a été question. Cependant, dans le cas prévu par l'article 109 du Code d'Instruction Criminelle, certaines mesures et formalités concernant le mandat d'arrêt sont plus complètes et plus minutieuses que celles prescrites par l'article 105 examiné plus haut. L'article 109 dispose, à ce sujet, que, si le prévenu en fuite ne peut être saisi, le mandat est notifié à sa dernière habitation. Un procès-verbal de perquisition est alors dressé, en présence de deux témoins, par les porteurs du mandat, puis, après visa et remise d'une copie, soit au Juge de Paix, soit, à défaut de celui-ci, au Maire ou au Commissaire de police, ce procès-verbal est transmis au greffe du Tribunal.

Ainsi donc, dans le cas présent, — et c'est le seul qu'il est possible de relever dans le chapitre des mandats, — la Gendarmerie a le droit de perquisitionner de sa propre initiative, au moins pendant le temps de jour. S'agit-il, seulement, en l'occurence, de découvrir l'inculpé, qui peut être dissimulé dans sa dernière habitation, ou bien de rechercher concurremment tous indices susceptibles de faciliter les poursuites ultérieures ? On doit tenir comme point certain, que la perquisition ne saurait avoir pour objet de recueillir des pièces à conviction, ou des objets utiles à la manifestation de la vérité, mais il paraît recommandable de mentionner, dans le procès-verbal de perquisition, toutes précisions et remarques de nature à favoriser les recherches ultérieures. A l'appui de cette opinion, il convient de rappeler que c'est seulement à défaut d'un Juge de Paix que copie du procès-verbal susvisé est remise au Maire ou au Commissaire de Police, tandis que, dans une hypothèse similaire, le Maire ou le Commissaire de police seuls sont appelés à viser l'original du mandat d'amener. Le législateur a donc formellement exprimé la volonté de confier, par priorité, au magistrat local de l'ordre judiciaire, tous éléments susceptibles de l'éclairer sur une affaire. A partir de ce moment, il est de stricte obligation pour le Juge de se tenir au courant des faits qui peuvent survenir et de collaborer, dans toute la mesure de ses moyens, à la pleine exécution des mandats.

Si l'on se reporte ensuite à l'exécution même de la perquisition, plusieurs hypothèses délicates méritent d'être signalées. La Gendarmerie peut se heurter, soit à l'extérieur, soit à l'intérieur de la maison, à des obstacles purement passifs ; il n'est guère d'exemples, en effet, d'habitations, même abandonnées, dont les portes soient largement ouvertes à tout venant. Il peut encore paraître utile d'ouvrir un meuble qui, par sa forme ou ses dimensions, pourrait constituer une cachette. Le droit de perquisitionner emporte-t-il alors, comme complément nécessaire, celui de fracturer, ou plus simplement celui de forcer une serrure, selon les règles de l'art ? La solution négative s'impose à coup sûr. Comme, d'autre part, le pouvoir de requérir un ouvrier qualifié rentre dans les attributions des Officiers de Police judiciaire, la Gendarmerie semble avoir avantage à solliciter, en tout état de cause, l'intervention, même à titre préventif, du Juge de Paix, du Commissaire de Police ou du Maire. L'officier, ainsi saisi, peut intervenir sans délai, viser de suite le procès-verbal et sa présence dispense, au surplus, de rechercher deux témoins.

Par analogie avec les remarques précédentes, concernant le mandat d'amener, il importe d'envisager la conduite à tenir lorsque la capture a lieu hors du ressort du magistrat mandant et ensuite lorsque l'inculpé en fuite n'a aucun domicile connu.

Dans la première hypothèse, la circulaire du 10 décembre 1897 précise que la loi du 8 décembre 1897 « ne contient aucune innovation en ce qui concerne

l'exécution du mandat d'arrêt », les textes du Code
d'Instruction Criminelle (article 98, 2ᵉ alinéa) demeurant entièrement applicables. Toutefois, cette
circulaire rappelle qu'aux termes de la lettre ministérielle du 16 juin 1896, « l'inculpé arrêté hors de
l'arrondissement du magistrat qui a décerné le mandat sera immédiatement conduit devant le Procureur
de la République de l'arrondissement où il aura été
trouvé », ce magistrat devant vérifier personnelle-
ment si le mandat est bien applicable à l'inculpé et
provoquer les déclarations de ce dernier. L'intérêt
et la portée pratique de cette mesure sont bien évi-
dents, mais que penser de la double formalité de la
conduite préalable devant le Maire ou le Commissaire de Police et du visa du mandat, toujours prescrit
par l'article 98, 2ᵉ alinéa du Code d'Instruction Criminelle ? Il est peu probable qu'une complication de
cette nature réponde à la volonté du législateur, surtout si l'on tient compte du fait que le Maire ou le
Commissaire ne peuvent, en aucune façon, s'opposer
à l'exécution du mandat. Quoi qu'il en soit, les textes qui régissent la question ont un caractère tellement impératif, que la Gendarmerie ne saurait, de
sa propre initiative, faire œuvre de simplification.

Enfin, dans l'hypothèse assez fréquente où l'inculpé n'a ni résidence, ni domicile connus, la solution la plus logique consiste, semble-t-il, à notifier
le mandat à l'officier de police judiciaire local du
lieu de l'infraction.

c) ORDONNANCES.

Aux divers mandats dont il vient d'être question,
s'ajoutent, dans la pratique courante du service, des
ordonnances dont l'une s'apparente, par bien des
points, au mandat d'arrêt.

Ordonnance de prise de corps.

Il convient, en premier lieu, de souligner l'importance extrême de l'ordonnance de prise de corps. Cette ordonnance est décernée dans les deux éventualités prévues par les articles 125, 126 et 232 du Code d'Instruction Criminelle : lorsqu'un inculpé, laissé en liberté provisoire par un tribunal ou une cour, ne paraît pas, bien que cité et, toujours dans la même hypothèse de liberté provisoire, lorsqu'un accusé est renvoyé devant une Cour d'Assises. Comme il s'agit soit d'un inculpé récalcitrant, soit d'un accusé sur lequel pèsent des charges graves, on ne saurait s'étonner qu'intervienne une décision dont le caractère est aussi solennel qu'exceptionnellement rigoureux. Toutefois, malgré son effet très énergique, l'ordonnance de prise de corps est mise à exécution dans des conditions qui ne diffèrent pas de celles prévues pour le mandat d'arrêt. Il suffit donc de renvoyer, à cette occasion, aux développements qui précèdent.

Ordonnance du Président du Tribunal civil.

La seconde ordonnance dont il sera question ci-dessous diffère essentiellement quant à son objet de l'ordonnance de prise de corps. Il s'agit de celle qui est décernée par le Président du Tribunal Civil lorsqu'un père, se trouvant dans l'impossibilité de réprimer, par ses propres moyens, les sentiments et agissements pervers de son enfant, use du droit de correction qu'il tient des articles 375 et suivants du Code Civil. Dans cette éventualité d'arrestation prévue par l'article 378 du Code Civil, le rôle de la Gendarmerie consiste à prendre possession de l'enfant, avec toute la discrétion désirable, et à le conduire aussitôt jusqu'à la maison de correction.

d) Décisions de Justice.

Jusqu'à présent et abstraction faite de certaines mesures dictées par le souci d'assurer l'ordre et la sécurité publics, il n'a guère été question que de l'arrestation préventive d'individus susceptibles d'être traduits devant une juridiction répressive, à raison d'infractions par eux commises. Mais il importe au plus haut point que les décisions de justice ne restent pas lettre morte et que les condamnés subissent effectivement leur peine. A cet effet, la Gendarmerie a reçu la mission très importante de procéder à des arrestations, en vertu d'extraits de jugement ou de contraintes par corps.

Extraits de jugement.

Les extraits de jugement, transmis à la Gendarmerie par les Procureurs de la République, se répartissent en deux catégories bien distinctes, suivant qu'ils se rapportent à des jugements contradictoires et définitifs, ou à des jugements rendus par défaut et encore susceptibles d'opposition.

Dans le premier cas, les formalités à remplir et les hypothèses à envisager ne diffèrent pas de celles qui ont été énumérées lorsqu'il a été question du mandat d'arrêt. Toutefois, l'article 122 du décret du 20 mai 1903 précise qu'il n'est pas remis copie de l'extrait au prisonnier, car on peut à bon droit supposer que celui-ci n'ignore pas le motif exact des recherches dont il est l'objet.

La situation devient beaucoup plus complexe lorsqu'il s'agit de jugements rendus par défaut. En l'espèce, les condamnés ont été privés, par leur propre volonté ou non, des moyens de présenter leur défense. On ne saurait donc s'étonner du fait que l'article 187 du Code d'Instruction Criminelle ait prévu que leur condamnation est considérée comme non avenue s'ils forment opposition soit dans un délai déterminé après la signification, soit, s'il n'y a pas eu signification, durant toute la période qui s'écoule jusqu'à la prescription. Quelle sera, dès lors, l'attitude de la Gendarmerie lorsqu'un condamné par défaut, se trouvant dans les conditions légales pour pouvoir faire opposition, manifestera la volonté non équivoque d'user de cette voie de recours ?

Il convient de remarquer que la loi a simplement exigé que le condamné notifie son opposition au Ministère public, sans préciser les conditions de forme de cet acte. Aussi serait-il logique, aussitôt après la capture, de conduire le prisonnier devant le Procureur de la République, lequel ne pourrait d'ailleurs que donner acte de l'opposition reçue, et prescrire de suite la remise en liberté.

Dans les villes où siège un tribunal, la mesure ci-dessus ne saurait entraîner aucune difficulté. Par contre, il n'en est pas de même dans les très nombreuses localités qui, surtout après toutes les réformes intervenues depuis la guerre, ne sont ni le siège d'un tribunal de première instance, ni même celui d'une simple Justice de Paix, ou, à la rigueur, l'opposition pourrait être reçue. On conçoit donc aisément qu'il importait, aussi bien pour sauvegarder les deniers de l'Etat, que pour éviter aux Magistrats et à la Gendarmerie des pertes de temps parfaitement inutiles, de trouver à ce problème une solution différente de celle donnée au précédent alinéa. A la vérité, les procédés consacrés par l'usage et par une expérience déjà longue manquent quelque peu d'uniformité. Dans certains ressorts, l'opposition est reçue par le Juge de Paix, c'est là un expédient dont les avantages sont bien réduits depuis le binage des Justices de Paix. Aussi, la solution de plus en plus généralement admise, d'après laquelle les gendarmes sont autorisés à recevoir les oppositions, puis à fixer le jour de la comparution et à dresser du tout procès-verbal, paraît-elle bien préférable. Il convient d'ailleurs d'insister sur le caractère licite de ces solutions puisque, suivant une jurisprudence constante, l'opposition peut être formée par simple lettre missive, procédé qui présente beaucoup moins de garanties qu'un procès-verbal de gendarmerie.

Contrainte par corps.

Dans le développement qui précède, il a été question de la mise à exécution de décisions de justice, comportant une peine d'emprisonnement sans sursis. Mais il peut fort bien arriver qu'un condamné, même disposant de ressources suffisantes, se refuse à acquitter les simples amendes, dommages-intérêts et frais mis à sa charge. Il importe alors, d'une part, de vaincre la résistance du condamné solvable, d'autre part d'exercer dans l'intérêt de la répression, suivant la formule de l'article 123 du décret du 26 mai 1903, une sorte de recours contre le condamné que son insolvabilité exonère manifestement du paiement. Tel est l'objet de la contrainte par corps, prévue par l'article 52 du Code Pénal et par la loi du 22 juillet 1867.

Selon les prescriptions de cette dernière loi, le Procureur de la République adresse les réquisitions nécessaires à la force publique, sur le vu du commandement et sur la demande du Receveur de l'Enregistrement. A l'opposé de ce qui a été précédemment constaté dans la très grande majorité des hypothèses autorisant l'arrestation ; la conduite à tenir par la Gendarmerie est réglée, cette fois, avec un luxe considérable de détails et de précautions, par l'article 781 du Code de Procédure Civile. Ainsi l'arrestation des contraignables ne saurait être faite dans les circonstances de temps et de lieu suivantes : « avant le lever et après le coucher du soleil, les jours de fête légale, à l'intérieur des édifices consacrés au culte et pendant les exercices religieux seulement, dans le lieu et pendant la tenue des séances des autorités constituées, dans une maison quelconque, même au domicile du débiteur, à moins qu'il n'en ait été ainsi ordonné par le Juge de Paix du lieu, lequel devra, dans ce cas, se transporter dans la maison ou déléguer un commissaire de police. » L'article 782 du Code de Procédure accorde même une sorte d'immu-

nité temporaire au débiteur appelé comme témoin,
devant le Juge d'Instruction ou les Tribunaux et porteur d'un sauf-conduit. Bref, il résulte de ce qui précède que l'arrestation ne peut avoir lieu que le jour,
en espace libre et, sauf exceptions particulières, dans
les lieux publics. Une telle mansuétude tire sa justification du caractère très subsidiaire de l'emprisonnement, qui n'intervient qu'à défaut du paiement
d'une dette. Il est toutefois intéressant de signaler
que les délinquants endurcis n'ignorent pas les dispositions de l'article 781. Aussi, contrairement à une
opinion assez répandue, les incidents, parfois comi-
ques, imaginés par l'auteur de « Rabiolot », ne constituent pas une pure curiosité littéraire.

Ces remarques faites, diverses éventualités peuvent
être envisagées, lorsqu'en dépit des obstacles rencontrés, la Gendarmerie réussit néanmoins à opérer
des arrestations.

Tout d'abord, surtout dans les campagnes, il arrive fréquemment que la perspective d'aller en prison
effraye le contraignable et que celui-ci demande à
s'acquitter immédiatement. L'intéressé est conduit
aussitôt devant le percepteur local, qui délivre un
reçu du paiement. Conformément aux dispositions
de la circulaire du 25 avril 1888, la réquisition d'incarcération délivrée par le Procureur est annulée de
plein droit, et la remise en liberté doit avoir lieu immédiatement. Dans la pratique courante, le percepteur peut se contenter également d'un simple ac-
compte, avec promesse de paiements ultérieurs éche-
lonnés. La réquisition d'incarcération est encore annulée, sous cette réserve que, par la suite, le contraignable doit s'attendre à de nouvelles poursuites en
cas de défaillance. Mais il peut arriver que l'arrestation ait lieu en un endroit fort éloigné d'un bureau
de percepteur, ou bien que ce fonctionnaire soit absent. Dans cette éventualité, pour gagner du temps
en simplifiant les formalités, il est de pratique assez

courante, de nos jours, de conduire le débiteur jusqu'au plus prochain bureau de poste et de lui faire prendre un mandat au nom du percepteur intéressé. Le talon du mandat peut être considéré comme une justification suffisante du paiement et aucun motif ne paraît s'opposer à la remise en liberté. Ce procédé semble toutefois de nature à soulever une sérieuse objection. On est en droit de se demander, en effet, si le contraignable est tenu d'acquitter, en sus du montant de sa dette, les frais d'expédition du mandat. Cette difficulté serait évidemment évitée si les gendarmes étaient autorisés à recevoir directement des espèces, à charge d'en délivrer reçu et de les faire parvenir aux agents du Trésor. A la réflexion, malgré son caractère fort séduisant, une telle solution paraît devoir être rejetée. On sait combien, en France, il paraît encore délicat, de nos jours, de confier aux agents de la force publique le recouvrement immédiat de certaines amendes. Les mêmes raisons s'opposent, au moins momentanément semble-t-il à la mise en application de la mesure ci-dessus envisagée.

En second lieu, dans une hypothèse assez rare, le débiteur peut demander à être conduit devant le Président du Tribunal pour qu'il en soit référé sur son cas. La Gendarmerie ne peut qu'acquiescer à la demande faite et la conduite a lieu, conformément à l'article 786 du Code de Procédure Civile.

Reste le cas du contraignable obstiné ou sans ressources qui est conduit à la prison du lieu d'arrestation. Toutefois, il importe de ne pas perdre de vue le caractère très subsidiaire de la contrainte qui n'est, à vrai dire, qu'un pis-aller. Il s'en suit que de sérieux ménagements s'imposent à l'égard de contrevenants que l'on ne saurait confondre avec des malfaiteurs dangereux. C'est pourquoi il paraît aussi sage que prudent de s'en rapporter, avant toute mesure de coercition, à la décision du Procureur de la République, en cas de maladie constatée ou de situation de famille réellement digne d'intérêt.

Observation générale relative aux arrestations du § 2

Les développements du paragraphe qui précède ont fait ressortir un nombre vraiment considérable d'hypothèses dans lesquelles des individus peuvent être régulièrement recherchés et arrêtés. Sans remonter à une époque très éloignée, on admettait assez volontiers, il y a quelques années encore, que des investigations locales étaient suffisantes pour assurer l'exécution des lois répressives d'une manière satisfaisante. Mais, depuis la fin de la guerre, pour des motifs qu'il serait superflu d'évoquer, le nombre des recherchés s'est accru dans des proportions très sensibles. D'autre part, en raison de nombreux progrès réalisés, des moyens de déplacement ultra-rapides ont été pratiquement mis, bien involontairement d'ailleurs, à la disposition des délinquants. Il s'ensuit que le cadre étroit des recherches locales ou régionales ne répond plus aux besoins de notre époque. La limite normale de l'activité policière ne connaît d'autres bornes, dans de nombreux cas, que les frontières nationales et, déjà, la création d'une police internationale n'est plus évoquée comme un projet fantaisiste.

Une telle évolution, pour ne pas dire plus, ne pouvait laisser la Gendarmerie indifférente. Elle était d'autant moins fondée à rester en arrière que son réseau étroit de surveillance, qui embrasse tout le pays, lui assure une situation privilégiée et lui permet d'opérer, avec un soin aussi minutieux que méthodique, le filtrage de tous les éléments suspects. Après une période d'essais ou d'hésitations, les méthodes et procédés, la tactique générale à employer ont été définis et codifiés par l'instruction ministérielle du

11 octobre 1926. Aussi aujourd'hui, grâce à la diffusion systématique dans tous les postes des signalements divers et des bulletins du Ministère de l'Intérieur, la recherche des malfaiteurs a pris un caractère vraiment national et le nombre des captures effectuées va sans cesse en progressant (1). Mais, dira-t-on, comment des agents n'ayant pas en mains les originaux des mandats, extraits de jugements, contraintes, etc..., pourront-ils procéder à des arrestations régulières ? Cette objection est d'autant plus sérieuse que l'on ne saurait concevoir l'écrou sans la présentation du mandat.

À l'heure actuelle, il est parfaitement admis, en pratique courante, que les individus figurant au Bulletin de Police Criminelle peuvent être conduits, sans formalité supplémentaire, devant le Procureur de la République du lieu de la capture. Dans l'éventualité où l'inscription au bulletin n'a pas encore été faite, la confirmation télégraphique du mandat, par le magistrat mandant, paraît présenter des garanties suffisantes.

Il convient toutefois d'ajouter que, sauf dans les cas fortuits, il est toujours prudent de réclamer à l'autorité compétente, les originaux des extraits de jugement et les contraintes par corps, lorsque de sérieuses présomptions permettent de supposer qu'il sera procédé à des arrestations à bref délai.

---

(1) Arrestations opérées par la Gendarmerie à l'aide du Bulletin de Police Criminelle : 1921 : 608 ; 1922 : 926 ; 1923 : 1.069 ; 1924 : 1.120 ; 1925 : 1.224 ; 1926 : 1.238 ; 1927 : 1.988.

3° Formalités et éventualités postérieures aux arrestations

Il ne paraît pas entrer dans le cadre du présent sujet d'examiner dans le détail toutes les opérations qui incombent à la Gendarmerie ou toutes les éventualités qui peuvent surgir après les arrestations. Néanmoins, deux points particulièrement délicats, la fouille et l'évasion, méritent, semble-t-il, de retenir l'attention, en raison de leur caractère d'exceptionnelle gravité.

La fouille.

On peut affirmer que la fouille est la première obligation qui s'impose aux capteurs, aussitôt après l'arrestation. L'origine de cette formalité remonte aux époques les plus reculées de l'histoire de la Maréchaussée. Elle a été mentionnée dans le Règlement de 1563, maintenue par l'Edit de 1564 et définitivement consacrée par l'Edit de Moulins de 1566, qui prévoyait « que les biens et pièces saisis sur les prisonniers devaient être envoyés au greffe du siège présidial ».

Ultérieurement, l'Ordonnance de Blois de 1579 mit les Prévôtés dans l'obligation de faire inventaire, en présence d'un notable bourgeois ou habitant du lieu de la capture, et de déposer les biens saisis et inventoriés chez un voisin solvable.

Enfin, l'Ordonnance de 1670 fixa, avec un soin minutieux, la conduite à tenir : « Les Prévôts des Maréchaux, en arrêtant un accusé, seront tenus de faire inventaire de l'argent, hardes, chevaux et papiers dont il se trouvera saisi, en présence de deux habitants les plus proches du lieu de la capture, qui signeront l'inventaire, sinon déclareront la cause de leur refus, dont il sera fait mention, pour être le tout remis, trois jours au plus tard, au greffe du lieu de la capture, à peine d'interdiction contre le Prévôt pour deux ans, dépens, dommages et intérêts des parties et cinq cents livres d'amende », (Titre II, art. IX).

Il est fort intéressant de constater que le second alinéa de l'article 153 du décret du 20 mai 1903 reproduit, dans ses grandes lignes, cet article de l'Ordonnance de 1670. De l'examen de ces textes, il paraît résulter que la fouille a pour principal objet de pourvoir, sans en indiquer le but, à la conservation des objets mobiliers dont les prisonniers sont propriétaires ou détenteurs. Cette solution est évidemment rationnelle, car le prisonnier, par définition, est privé des moyens de surveiller ses intérêts ou d'y pourvoir. Par ailleurs, ces mesures de conservation ont pour conséquence directe de dégager considérablement la responsabilité des capteurs, lorsqu'il s'agit de prisonniers porteurs de numéraire ou d'objets précieux. Enfin, dans bien des cas, il serait révoltant de laisser à des prisonniers la jouissance, même précaire, du produit d'opérations délictueuses.

Toutes ces conséquences ou déductions sont rigoureusement logiques, mais, à la réflexion, elles présentent le très réel inconvénient de ne reposer que sur des considérations purement civiles ou même morales. Aussi est-on en droit de se demander si elles ne devraient pas s'effacer au second plan, pour céder la place aux considérations primordiales se rattachant soit à la sûreté des capteurs, soit à la manifestation de la vérité. S'il était besoin de rechercher des éclaircissements à cet égard, il suffirait de se reporter à la circulaire du Ministre de la Guerre du 15 septembre 1866, ainsi conçue : « Un individu arrêté récemment s'est asphyxié en mettant le feu à sa cellule et un autre s'est évadé en perçant le mur de la chambre de sûreté avec un ciseau. En portant ces incidents à ma connaissance, dit le Ministre de la Guerre, Monsieur le Ministre de la Justice me fait observer que de tels faits ne se seraient pas produits si les gendarmes avaient eu le soin de fouiller minutieusement les prisonniers, de manière à ne leur laisser aucun objet dont ils puissent faire un mauvais usage » (1). Et plus loin, le Ministre ajoute : « Les sous-officiers, brigadiers et gendarmes doivent vérifier avec le plus grand soin si les individus arrêtés par eux ne sont pas porteurs de pièces à conviction, d'armes ou d'instruments qui puissent favoriser leur évasion. Ainsi donc, aux termes de la circulaire de 1866, la fouille revêt un caractère plus pratique, plus utilitaire que par le passé. Le but proposé comporte à la fois la protection de la personne physique du prisonnier, même contre ses propres agissements, et la recherche des pièces utiles à la manifestation de la vérité.

Un seul point paraît avoir été trop laissé dans l'ombre. A beaucoup d'égards, on conviendra que la meilleure part de la sollicitude de la Société doit être réservée aux agents de la force publique et non aux délinquants, mais il importerait que ce principe fut consacré par les règlements d'une manière plus explicite. Sans doute répugnerait-il quelque peu à notre mentalité de rendre obligatoire et de réglementer l'usage du « haut les mains » préventif et si commode des Américains. Cependant, il convient de remarquer que, de nos jours, malgré les conseils prodigués, trop de gendarmes sont encore victimes de leur imprudence ou de leur simple négligence. Cette constatation devrait être de nature à vaincre bien des hésitations.

Conduite des Prisonniers. — L'évasion.

Un chapitre tout entier du décret du 20 mai 1903 (art. 229 à 289) expose minutieusement les règles

---

(1) *Mémorial de la Gendarmerie*, Année 1866.

suivant lesquelles les prisonniers capturés par la Gendarmerie sont conduits à destination. Quant aux conditions de temps dans lesquelles les transfèrements doivent être effectués, elles sont définies par les articles 306 et 307 du décret. Suivant les dispositions de ces deux derniers articles, le transfert doit avoir lieu immédiatement dans l'hypothèse du flagrant délit ; il ne peut être différé que de vingt-quatre heures au plus, en cas d'absence du Procureur de la République. Cette règle, par voie d'analogie, s'impose strictement dans tous les cas. Il est à peine besoin de dire un mot, en passant, du mode de locomotion employé. « Les individus transférés aux frais du Ministère de la Justice sont conduits à pied de Brigade en Brigade » (art. 242), tandis que ceux « transférés aux frais du Ministère de l'Intérieur ne sont pas tenus de faire la route à pied » (art. 142). D'un côté, les individus susceptibles d'être condamnés à des peines humiliantes, flétrissantes sont donc exposés, non sans quelque complaisance, aux yeux des populations, alors que ceux qui n'ont encouru ou ne peuvent encourir que des peines politiques bénéficient d'un régime de discrétion absolue et échappent aux remarques de la malignité publique. On s'explique mal les différences de cette nature, surtout lorsqu'il s'agit de simples prévenus. Du reste, la réorganisation judiciaire et pénitenciaire de 1926 semble avoir fortement ébranlé le système compliqué des conduites prévu par le décret du 20 mai 1903. Aussi peut-on espérer qu'un jour prochain, autant par décence que par souci de réduire les charges incombant à la Gendarmerie, le transfert par voie ferrée deviendra la règle normale.

A la vérité, les remarques ci-dessus ne présentent plus qu'un intérêt secondaire dès que l'on envisage le risque d'évasion, car ce risque constitue, par excellence, en matière de transfèrements, une éventualité toujours délicate et parfois dramatique. C'est donc à bon droit que le décret du 20 mai 1903 s'est apesanti sur cette question, en y consacrant huit articles successifs. (Art. 279 à 286).

Si l'on se reporte à la base légale de ces prescriptions, on constate que le Code Pénal, dans ses articles 237 et suivants, a distingué quatre facteurs susceptibles d'influer sur les évasions : la négligence ou la connivence imputables aux gardiens, l'adresse ou la violence mises en œuvre par les détenus.

Il ne paraît pas indispensable de consacrer un développement particulier aux questions relatives au délit ou au crime de connivence, véritables curiosités, dont on ne trouverait des exemples, au moins en ce qui concerne la Gendarmerie, qu'aux époques troublées de notre histoire. Les seules hypothèses méritant de retenir l'attention sont donc, d'une part, l'évasion sans violence, qui implique presque nécessairement une négligence des gardiens et, d'autre part, l'évasion avec violence qui ne comporte, le plus souvent, aucune faute à la charge du personnel de surveillance.

Il y a lieu de remarquer que, par un argument *a contrario*, tiré de l'article 241 du Code Pénal, l'évasion sans violence ou bris de prison ne constitue pas une infraction. Seuls les gendarmes, dont l'excessive confiance peut avoir été trompée, sont donc fautifs. Et, à ce sujet, leur culpabilité apparaît d'autant plus grave qu'avec un soin minutieux, un luxe inouï de détails, le règlement du 20 mai 1903 paraît avoir mis le personnel en garde contre tous les dangers possibles. Les gendarmes éviteront les quartiers populeux, les foules, spécifie l'article 178. Ils ne devront pas perdre un seul mouvement des prisonniers durant le trajet ; leur surveillance s'exercera surtout dans les passages qui peuvent favoriser l'évasion, tels que bois, ravins, fossés, rivières, chemins encaissés, montagnes ou lieux accidentés, ajoute l'article 279.

Dès lors, il est bien évident que, si une évasion sans violence se produit, les gendarmes pourront, dans la très grande majorité des cas, s'en prendre qu'à eux-mêmes et n'auront d'autre ressource, pour atténuer leur faute, que de s'employer de leur mieux à remettre la main sur les fugitifs.

A cet égard, l'article 184 du décret du 20 mai 1903 a prévu une véritable mobilisation régionale des forces de police et a nettement tracé la conduite à tenir à chaque échelon de la hiérarchie. Mais, dira-t-on, ne serait-il pas possible de tenir pour régulier, en pareil cas, l'emploi des armes, puisque le Règlement sur le service de Place prescrit aux sentinelles des postes placés aux prisons d'ouvrir le feu, la nuit, en cas de tentative d'évasion ? Il importe de répondre à cette question, de la manière la plus catégorique, par la négative. L'autorisation donnée au gardien fautif de tirer sur son prisonnier constituerait, en effet, un réel défi au bon sens. Au surplus, l'emploi des armes est une mesure d'un caractère tellement rigoureux qu'elle doit être consacrée, dans chaque cas d'espèce, par un texte formel.

Au nombre des textes autorisant l'emploi des armes, figure précisément l'article 280 du décret du 20 mai 1903, qui traite de la question des rébellions et tentatives violentes d'évasion. Dans cette éventualité, la question se pose de savoir exactement quelle relation existe entre la rébellion et la tentative d'évasion. Théoriquement, une rébellion peut éclater sans avoir pour conséquence directe une tentative de fuite ; dans une autre hypothèse, la rébellion de certains prisonniers peut n'avoir d'autre objet que de faciliter l'évasion de détenus ne participant pas à la révolte ouverte. A l'opposé, on peut admettre qu'une évasion violente n'est guère concevable sans voies de fait ou attaques, d'où qu'elles viennent. Ces distinctions nécessaires ne paraissent pas avoir été mises suffisamment en lumière dans l'article 280. Dans sa première phrase, cet article envisage, en effet, « le cas où il y a rébellion et tentative violente d'évasion », mais il ajoute, *in fine* : « Si la résistance continue, la force des armes est déployée à l'instant même, pour contenir les fuyards et révoltés ». On ne saurait évidemment admettre que le cumul d'infractions soit exigé d'une manière absolue par le Règlement. Toutefois, il ne paraît pas douteux que la simultanéité des deux infractions de rébellion et d'évasion violente conditionne impérieusement la répression envisagée.

À côté de cette question susceptible de donner lieu à controverse, on doit considérer, comme point certain, que la seule tentative d'évasion violente ne pourrait justifier l'emploi des armes. Cette solution découle, sans ambiguïté, des termes mêmes de l'article 280, puisque, dans le cas de tentative d'évasion, le chef d'escorte doit enjoindre, au nom de la Loi, à ses prisonniers de rentrer dans l'ordre, sous peine d'y être contraints par la force des armes. Bien plus, l'article dont il s'agit ajoute, comme on l'a déjà vu ci-dessus, que « la force des armes est déployée pour contenir les fuyards ». Ainsi donc, en s'en tenant rigoureusement à la lettre du Règlement, l'autorisation d'ouvrir le feu ne deviendrait licite qu'au moment où l'évasion serait déjà consommée. Cette dernière hypothèse paraît quelque peu téméraire ; aussi semble-t-il préférable de conclure que l'emploi des armes est autorisé, sous réserves d'injonctions préalables, à partir du moment où les gendarmes estiment en conscience qu'ils ne peuvent, par les moyens ordinaires et sans danger grave pour leur personne, ni réduire la rébellion, ni empêcher l'évasion qui doit en être la conséquence.

III. — CONCLUSION

Après avoir rappelé, dans leurs grandes lignes, les règles qui régissent les pouvoirs de la Gendarmerie en matière d'arrestation, il paraît indispensable de formuler une appréciation d'ensemble sur l'activité de cette arme. A cet égard, le tableau ci-dessous, dont les chiffres ont été rigoureusement contrôlés, paraît de nature à satisfaire les esprits soucieux de clarté et de précision.

ANNÉES	ARRESTATIONS EFFECTUÉES PAR LA GENDARMERIE (1)			
	En flagrant délit		En vertu d'ordres ou de mandats	
	Civils	Militaires	Civils	Militaires
1926	49 121	2.100	41 429	4.804
1927	48 804	1.916	50 750	5.254

Si les chiffres ci-dessus font ressortir une situation extrêmement dangereuse, au point de vue de la criminalité, ils présentent du moins l'avantage de mettre en relief, d'une manière éclatante, que la répres-

(1) *Revue de la Gendarmerie,* 1re Année, 1928.

sion ne manque ni de vigueur, ni certainement d'à propos.

Mais, abstraction faite d'un groupe restreint d'initiés, le grand public ne porte intérêt qu'aux reportages sensationnels, qu'aux épisodes scandaleux et mises en scène théâtrales. L'œuvre patiente et silencieuse de la Gendarmerie le laisse indifférent, quand il ne la sous-estime pas.

Même de bons esprits ne manquent pas, de loin en loin, de s'élever contre les prétendues tracasseries d'une institution qui peuple d'un menu fretin de délinquants les audiences languissantes de certains tribunaux de province. D'autres encore protestent contre les procédés archaïques d'une force de police qui s'entête à parcourir nos routes à cheval, tandis que les malfaiteurs ont une prédilection marquée pour les engins ultra-rapides.

Il serait de bien mauvaise politique de soutenir que la Gendarmerie trouve en elle-même une force de résistance telle, qu'elle peut impunément se dispenser de convaincre ses détracteurs. En parodiant une phrase célèbre, on peut admettre que, si la tactique des agents d'exécution se renouvelle sans cesse, les méthodes générales de toutes luttes, y compris celle contre les malfaiteurs, restent immuables. Or, il n'est peut-être pas d'organes de notre Société qui s'attachent avec plus d'obstination que la Gendarmerie à tirer profit des innovations ou perfectionnements susceptibles de faciliter les recherches. Même il arrive que l'ardeur et l'enthousiasme des exécutants sont tels qu'ils finissent à triompher, en dépit des plus sérieuses objections d'ordre administratif. Seulement, — et c'est là l'idée maîtresse à retenir, — les formules et les combinaisons les plus ingénieuses ou les plus subtiles doivent toujours céder le pas à l'exploration patiente et méthodique de nos campagnes, ainsi qu'il a été de règle à toutes les époques. C'est à cette pratique traditionnelle que sont dûes, pour une bonne part, les 100.000 arrestations annuelles. C'est donc grâce à elle qu'une sécurité presque absolue règne dans le pays, que les voies de communications sont libres et sûres. Et, au risque de porter un jugement téméraire, il paraît à peu près certain que la surveillance plus rapide et plus superficielle d'agents dotés de véhicules automobiles donnerait des résultats bien moins satisfaisants. L'outil dont dispose la Société pour assurer sa sécurité n'est certes pas parfait, mais il est encore bon et jamais à aucune autre époque il n'a peut-être été manié avec plus de force et plus d'adresse.

Compte tenu de ce qui précède, il rentre expressément dans le cadre de notre sujet d'examiner, en terminant, quelles dispositions réglementaires nouvelles seraient de nature à faciliter l'exercice du droit d'arrestation par la Gendarmerie. A cet égard, il importe de discerner de suite que certaines lacunes de la réglementation tiennent à l'insuffisance ou à l'imperfection de la loi, tandis que d'autres seraient susceptibles d'être comblées, grâce à la mise en application de dispositions déjà en vigueur soit dans d'autres organes de police, soit même dans certaines formations de Gendarmerie.

En premier lieu, il paraît opportun de rappeler que le temps de nuit peut assurer aux criminels une effrayante immunité. Aussi est-on en droit de s'étonner, avec M. Achille MORAIN, que la garantie de l'inviolabilité du domicile, proclamée pour les habitants paisibles, puisse faire échec aux officiers de justice ordonnant ou agissant dans l'intérêt public. Comme on l'a vu précédemment, c'est à loisir, en effet, que le malfaiteur réfugié la nuit dans une maison peut faire disparaître les preuves d'un délit, les pièces à conviction, les instruments ou les produits d'un crime. Mais, ajoute M. GARRAUD, il appartenait au légis-

lateur de 1808 de résoudre cette question, et il ne l'a
pas fait. Ce serait donc, de nos jours, émettre un vœu
bien platonique que demander, sinon le pouvoir de
pénétrer dans *toute* maison de refuge, du moins celui beaucoup plus restreint de suivre, même la nuit,
jusqu'à l'intérieur d'un domicile l'individu surpris
en flagrant délit.

Dans une seconde hypothèse, le silence de la loi
est de nature à laisser les enquêteurs singulièrement
perplexes. Il arrive assez souvent que des individus,
faisant l'objet d'une simple identification, avouent
spontanément ou sont convaincus d'avoir commis, à
une date et dans des lieux parfois fort éloignés, des
actes délictueux, non encore couverts par la prescription. Sans contestation possible, le flagrant délit
n'existe plus et il peut arriver, en l'absence de toute
instruction, qu'aucun mandat n'ait été décerné. En
semblable circonstance, la Gendarmerie est totale-
ment privée des moyens d'opérer, dans la forme ré
gulière, des arrestations que le simple bon sens paraît exiger. Il convient évidemment d'écarter de suite les nombreux cas d'auto-accusation plus ou moins
sincères ; mais il arrive que les délinquants donnent
de telles précisions que la véracité de leurs affirma-
tions ne saurait être contestée. Fort heureusement,
dans bien des cas, une inculpation nouvelle, actuelle,
permet de retenir légalement les individus dont il
s'agit, mais que faire dans l'hypothèse très commune
où, en ce qui concerne le temps présent, ils sont parfaitement en règle vis-à-vis de la loi ?

Certains ont allégué qu'il convient, en pareille
éventualité de se référer aux dispositions de l'article
307 du décret du 20 mai 1903, autorisant la garde à
vue, pendant 24 heures au plus, des inculpés non
susceptibles d'être conduits de suite devant le Procureur de la République. Durant ce délai, a-t-on dit,
il est possible de procéder à toutes investigations

utiles et de provoquer l'expédition des mandats nécessaires, même par la voie télégraphique. Cette
solution doit être rigoureusement écartée pour le
double motif suivant : d'une part, l'article 307 ne
vise que les individus arrêtés en flagrant délit et,
d'autre part, il précise que la conduite n'est différée
qu'en raison de l'absence du Procureur de la République. Il est absolument impossible d'étendre, d'une
manière quelconque, le sens de l'article 307.

D'autres ont soutenu que le fait, assez peu naturel
il est vrai, de s'accuser soi-même d'un délit constitue une présomption de mensonge, susceptible
d'être interprétée, suivant une jurisprudence assez
hésitante, comme un outrage à agents de la force
publique, Seulement, dans le cas présent, ce ne sont
pas les conséquences de l'accusation mensongère qui
soulèvent les plus grosses difficultés, mais bien celles
de l'accusation sincère.

A la vérité, l'exposé qui précède fait ressortir, sans
contestation possible, une lacune grave de la loi, qui
n'avait pas échappé à l'auteur du règlement de 1778
précédemment cité. Mais il est notoire que le législateur contemporain répugne à prendre ou à provoquer des mesures qui paraîtraient de nature, quel
qu'en soit le motif, à restreindre la liberté individuelle. Bon gré, mal gré, il convient donc de s'accommoder du régime actuel, en s'en remettant plei-
nement, pour éviter des abus criants ou éviter des
situations scandaleuses, à la prudente ingéniosité des
agents de la force publique.

Pour obvier, au moins dans une certaine mesure,
aux divers inconvénients qui viennent d'être signalés
et pour renforcer d'un point de vue plus général
l'action de la Gendarmerie, il a été proposé d'étendre à cette arme le bénéfice des dispositions déjà en
vigueur dans certaines administrations et ne présen-

tant, par conséquent, qu'un caractère d'originalité très relatif.

Tout d'abord, il a été soutenu qu'il serait expédient de conférer aux Chefs de Brigade de Gendarmerie la qualité d'officiers de Police Judiciaire, auxiliaires du Procureur de la République. A l'appui de cette proposition, il a été invoqué que les gradés dont il s'agit jouiraient ainsi de prérogatives plus étendues, notamment en matière de flagrant délit, que leur prestige et leur autorité seraient accrus d'autant, qu'au surplus la réforme envisagée ne constituerait pas une innovation, au sens absolu du mot, puisqu'elle a déjà été réalisée, à titre temporaire, au début de la Monarchie de Juillet et à titre permanent, de nos jours, aux Colonies et en Alsace-Lorraine.

De prime abord, la formule ainsi présentée ne manque pas d'être séduisante. Toutefois, il importe de remarquer que les Chefs de Brigade, surtout en matière de flagrant délit, ont pour mission essentielle d'agir vite, qu'il s'agisse d'opérer des captures ou de rechercher des indices, souvent si faciles à dissimuler ou à détruire. Il serait donc à craindre que le vain formalisme d'une instruction préliminaire puisse leur faire perdre un temps précieux, qui doit être consacré tout entier à l'action. Par ailleurs, certains officiers de Gendarmerie supposent, à tort ou à raison, que la réforme préconisée aurait peut-être pour conséquence fâcheuse de placer trop étroitement les Chefs de Brigade sous la dépendance des Magistrats et d'entraver ainsi l'exercice du commandement. Ce dernier argument perdrait toute portée pratique à partir du moment où tout le personnel aurait compris qu'un auxiliaire n'est pas un subordonné. Toutefois, l'abus manifeste des commissions rogatoires qui a été signalé dans les provinces recouvrées donne quelque fondement à la crainte dont il vient d'être question.

Quoi qu'il en soit, à l'heure ou certains services de police revendiquent, pour de simples inspecteurs, la qualité d'Officier de Police Judiciaire, il importe de considérer qu'une extension parallèle des pouvoirs des Chefs de Brigade de Gendarmerie paraît désirable et justifie un examen extrêmement sérieux.

Un second projet de réforme compte des adeptes fervents, même passionnés, non seulement parmi les populations, mais encore au sein de la Gendarmerie. Il est assez fréquent, en effet, d'entendre porter ce jugement : « Avec leur uniforme les Gendarmes sont identifiés à distance, les malfaiteurs en profitent et prennent la fuite. Dans l'intérêt bien compris de la répression, les gendarmes devraient être autorisés à revêtir des vêtements civils ». Si l'on se reporte ensuite au règlement, on constate que celui-ci dispose, en son article 96 « qu'en aucun cas la Gendarmerie ne doit recevoir ni directement, ni indirectement des missions occultes de nature à lui enlever son caractère véritable, son action s'exerçant toujours en tenue militaire, ouvertement et sans manœuvre de nature à porter atteinte à sa considération ». Sans doute, pourrait-on remarquer, l'article 96 ne se trouva pas dans une partie du Règlement traitant directement des questions relatives à la police judiciaire ou au droit d'arrestation. Il est inséré, et tout commentaire à ce sujet serait inopportun, dans le chapitre concernant les rapports de la Gendarmrie avec les autorités administratives. Toutefois, les termes de l'article dont il s'agit ont un caractère et une portée très générale, qui dominent nettement toute la réglementation. On doit donc considérer, comme point certain, que le port permanent de la tenue est une obligation statuaire, dont il est impossible de s'affranchir sous aucun prétexte, pour aucune considération. De cette obligation découle logiquement le devoir d'agir ouvertement, sans manœuvre et sans marchaudage. Ce qui revient à dire, en d'autres termes, que la Gendarmerie doit se cantonner dans une action franche, ouverte et loyale même, et on ne saurait trop insister sur ce point, si l'observation scrupuleuse de ces principes est de nature à lui interdire toute chance de succès personnel.

De tels principes, qui découlent de considérations fort honorables en elles-mêmes, n'ont pas manqué de soulever de sérieuses objections. Il a été rappelé, non sans quelque apparence de raison, que, vis-à-vis des malfaiteurs, un excès de scrupules nuit à la répression et constitue une véritable faiblesse, et qu'il est de bonne guerre de lutter à armes égales avec ses ennemis. En raisonnant de cette manière, on déplace sensiblement la question et on ne l'embrasse pas dans son ensemble. En premier lieu, il convient de considérer comme acquis ce fait que, par la confiance qu'elle inspire, la Gendarmerie sait obtenir spontanément les renseignements les plus précieux. Mais cette confiance qu'on ne lui marchande pas, cette aide spontanée qu'on lui accorde sans restriction disparaîtraient vite si la réputation de haute tenue morale de l'arme subissait la moindre atteinte. Par ailleurs, la Gendarmerie n'est pas seule à exercer les pouvoirs de police ; dès que sa tâche est terminée, elle peut et elle doit céder la place, le cas échéant, à d'autres organes qui, ne vivant pas en contact permanent avec les populations, ne sont pas tenus aux mêmes réserves et à la même discrétion qu'elle.

Au risque d'insister trop longtemps sur ce point, il ne paraît pas sans intérêt de rappeler qu'à certaines époques de notre histoire, notamment sous le Premier Empire, les prescriptions rappelées ci-dessus ne furent pas toujours jalousement respectées. Dans un de ses ouvrages (1) l'historien G. Lenôtre a

---

(1) Tournebut.

précisément évoqué les agissements caractéristiques
d'un sous-officier de l'Arme qui, en rusant, en se
déguisant, en usurpant des qualités ou des opinions
de pure fantaisie, réussit à capter la confiance d'un
redoutable conspirateur. Celui-ci ayant été tué dans
des conditions mal définies, le sous-officier eut l'au-
dace d'assister à l'autopsie, mais il dut fuir sous les
huées d'une foule, exaspérée beaucoup moins par le
dénouement imprévu que par l'étalage de tant d'im-
pudence et de duplicité. Cet exemple, choisi entre
beaucoup d'autres, montre que le sentiment populaire ne saurait s'accommoder d'une Gendarmerie
rompant avec les traditions de bonne foi et de loyau-
té, dont elle s'honore depuis tant d'années.

En résumé, si l'on tient compte des diverses remarques qui précèdent, on constate qu'à l'aide de
procédés non dépourvus d'originalité et sans subir
l'influence plus ou moins déguisée d'une autorité
quelconque étrangère à son service, la Gendarmerie
obtient, dans la recherche et la capture des malfaiteurs, des résultats tout-à-fait satisfaisants. La plus
élémentaire prudence, aussi bien que le bon sens,
commandent donc de ne modifier la règlementation
en vigueur qu'à bon escient, en s'entourant de sérieuses garanties. Au cours de ces dernières années,
il a bien été préconisé, à diverses reprises, de procéder à la refonte de la loi du 28 Germinal An VI,
communément désignée sous le nom de *Charte de
la Gendarmerie*. A la vérité, réserve faite pour le sta-
tut particulier du personnel, cette mesure ne paraît
pas s'imposer. La Gendarmerie n'est pas chargée,
du moins en matière d'arrestation, d'appliquer une
loi qui lui est propre, mais la Loi tout court, celle
qui s'impose à tous les citoyens, à tous les rouages
de l'organisation administrative et judiciaire. Cependant, s'il est permis d'exprimer un vœu, on peut
admettre qu'il est nécessaire de rajeunir quelque peu
le décret du 20 mai 1903, de le vivifier en ramassant

d'une manière plus claire, plus méthodique, tous les éléments épars concernant le droit d'arrestation, de le rendre plus intelligible, plus compréhensible pour la masse des exécutants, et en le complétant, au besoin, par une instruction qui en préciserait les modalités d'application.

IMP. G. LETELLIER, MORTAIN.

Études Criminologiques

ORGANE DE L'ASSOCIATION DES ÉLÈVES
ET ANCIENS ÉLÈVES DE L'INSTITUT DE CRIMINOLOGIE
DE L'UNIVERSITÉ DE PARIS

Publié sous le patronage

DE

M. H. BERTHÉLÉMY
Doyen de la Faculté de droit
de Paris
Membre de l'Institut

M. H. ROGER
Doyen de la Faculté de Médecine
de Paris
Membre de l'Académie de médecine

M. L. HUGUENEY
Professeur à la Faculté
de droit de Paris

M. G. LE POITTEVIN
Président honoraire
à la Cour d'appel de Paris

M. BALTHAZARD
Professeur à la Faculté
de médecine de Paris

M. H. DONNEDIEU DE VABRES
Professeur à la Faculté de droit
de Paris

M. E. BAYLE
Directeur du Service de l'Identité
judiciaire à Paris.

SOUS LA DIRECTION DE

M. Gabriel el BANNA, Secrétaire général de l'Association.

Direction et rédaction : 12 Place du Panthéon — PARIS (V)

ABONNEMENT ANNUEL : France.. 30 francs. Etranger.. 35 francs.
(Compte chèques postaux Paris 3319)

Les Études Criminologiques après deux années d'existence non seulement se sont classées parmi les premières revues juridiques de Droit criminel, mais elles constituent à l'heure actuelle le seul organe français centralisant les études, informations et essais relatifs à toutes les branches de la Criminologie : droit pénal, procédure criminelle, médecine légale, psychiatrie, science pénitentiaire.

Les Études Criminologiques, grâce à la valeur et à l'actualité des articles et des chroniques de jurisprudence qu'elles publient sous la signature des maîtres les plus connus de la France et de l'Etranger, à la variété de leur documentation, à l'activité dévouée des jeunes collaborateurs de la rédaction, à la régularité de leur tirage, deviennent un instrument de travail indispensable aux médecins et aux juristes.

IMP. G. LETELLIER, MORTAIN.